Rester vivant

DU MÊME AUTEUR

H.P. Lovecraft, Le Rocher, 1991

Extension du domaine de la lutte,
Maurice Nadeau, 1994 ; J'ai lu, 1997

Le sens du combat, Flammarion, 1996

Rester vivant suivi de *La poursuite du bonheur*,
Flammarion, 1997

Les particules élémentaires, Flammarion, 1998

Interventions, Flammarion, 1998

Michel Houellebecq

Rester vivant

et autres textes

Texte intégral

Rester vivant a paru pour la première fois
aux Éditions de La Différence en 1991.

Rester vivant

méthode

D'ABORD, LA SOUFFRANCE

« L'univers crie. Le béton marque la violence avec laquelle il a été frappé comme mur. Le béton crie. L'herbe gémit sous les dents de l'animal. Et l'homme ? Que dirons-nous de l'homme ? »

Le monde est une souffrance déployée. À son origine, il y a un nœud de souffrance. Toute existence est une expansion, et un écrasement. Toutes les choses souffrent, jusqu'à ce qu'elles soient. Le néant vibre de douleur, jusqu'à parvenir à l'être : dans un abject paroxysme.

Les êtres se diversifient et se complexifient, sans rien perdre de leur nature première. À partir d'un certain niveau de conscience, se produit le cri. La poésie en dérive. Le langage articulé, également.

La première démarche poétique consiste à remonter à l'origine. À savoir : à la souffrance.

Les modalités de la souffrance sont importantes ; elles ne sont pas essentielles. Toute souffrance est bonne ; toute souffrance est utile ; toute souffrance porte ses fruits ; toute souffrance est un univers.

Henri a un an. Il gît à terre, ses couches sont souillées ; il hurle. Sa mère passe et repasse en claquant des talons dans la pièce dallée, cherchant son soutien-gorge et sa jupe. Elle est pressée d'aller à son rendez-vous du soir. Cette petite chose couverte de merde, qui s'agite sur le carrelage, l'exaspère. Elle se met à crier, elle aussi. Henri hurle de plus belle. Puis elle sort.

Henri est bien parti dans sa carrière de poète.

Marc a dix ans. Son père est en train de mourir d'un cancer à l'hôpital. Cette espèce de machinerie usée, avec des tuyaux dans la gorge et des perfusions, c'est son père. Seul le regard vit ; il exprime la souffrance et la peur. Marc souffre aussi. Il a peur également. Il aime son père. Et en même temps il commence à avoir envie que son père meure, et à s'en sentir coupable.

Marc devra travailler. Il devra développer en lui cette souffrance si particulière et si féconde : la Très Sainte Culpabilité.

Michel a quinze ans. Aucune fille ne l'a jamais embrassé. Il aimerait danser avec Sylvie ; mais Sylvie danse avec Patrice, et manifestement elle y prend plaisir. Il est figé ; la musique pénètre jusqu'au plus profond de lui-même. C'est un slow magnifique, d'une beauté surréelle. Il ne savait pas qu'on pouvait souffrir autant. Son enfance, jusqu'à présent, avait été heureuse.

Michel n'oubliera jamais le contraste entre son cœur figé par la souffrance et la bouleversante beauté de la musique. Sa sensibilité est en train de se former.

Si le monde est composé de souffrance c'est parce qu'il est, essentiellement, libre. La souffrance est la conséquence nécessaire du libre jeu des parties du système. Vous devez le savoir, et le dire.

Il ne vous sera pas possible de transformer la souffrance en but. La souffrance *est*, et ne saurait par conséquent devenir un but.

Dans les blessures qu'elle nous inflige, la vie alterne entre le brutal et l'insidieux. Connaissez ces deux formes. Pratiquez-les. Acquérez-en une connaissance complète. Distinguez ce qui les sépare, et ce qui les unit. Beaucoup de contradictions, alors, seront résolues. Votre parole gagnera en force, et en amplitude.

Compte tenu des caractéristiques de l'époque moderne, l'amour ne peut plus guère se manifester ; mais l'idéal de l'amour n'a pas diminué. Étant, comme tout idéal, fondamentalement situé hors du temps, il ne saurait ni diminuer ni disparaître.

D'où une discordance idéal-réel particulièrement criante, source de souffrances particulièrement riche.

Les années d'adolescence sont importantes. Une fois que vous avez développé une conception de l'amour suffisamment idéale, suffisamment noble et parfaite, vous êtes fichu. Rien ne pourra, désormais, vous suffire.

Si vous ne fréquentez pas de femme (par timidité, laideur ou quelque autre raison), lisez des magazines féminins. Vous ressentirez des souffrances presque équivalentes.

Aller jusqu'au fond du gouffre de l'absence d'amour. Cultiver la haine de soi. Haine de soi, mépris des autres. Haine des autres, mépris de soi. Tout mélanger. Faire la synthèse. Dans le tumulte de la vie, être toujours perdant. L'univers comme une discothèque. Accumuler des frustrations en grand nombre. Apprendre à devenir poète, c'est désapprendre à vivre.

Aimez votre passé, ou haïssez-le ; mais qu'il reste présent à vos yeux. Vous devez acquérir une connaissance complète de vous-même. Ainsi, peu à peu, votre moi profond se détachera, glissera sous le soleil ; et votre corps restera sur place ; gonflé, boursouflé, irrité ; mûr pour de nouvelles souffrances.

La vie est une série de tests de destruction. Passer les premiers tests, échouer aux derniers. Rater sa vie, mais la rater *de peu*. Et souffrir, toujours souffrir. Vous devez apprendre à ressentir la douleur par tous vos pores. Chaque fragment de l'univers doit vous être une blessure personnelle. Pourtant, vous devez rester vivant — au moins un certain temps.

La timidité n'est pas à dédaigner. On a pu la considérer comme la seule source de richesse intérieure ; ce n'est pas faux. Effectivement, c'est dans ce moment de décalage entre la volonté et l'acte que les phénomènes mentaux intéressants commencent à se manifester. L'homme chez qui ce décalage est absent reste proche de l'animal. La timidité est un excellent point de départ pour un poète.

Développez en vous un profond ressentiment à l'égard de la vie. Ce ressentiment est nécessaire à toute création artistique véritable.

Parfois, c'est vrai, la vie vous apparaîtra simplement comme une expérience incongrue. Mais le ressentiment devra toujours rester proche, à portée de main — même si vous choisissez de ne pas l'exprimer.

Et revenez toujours à la source, qui est la souffrance.

Lorsque vous susciterez chez les autres un mélange de pitié effrayée et de mépris, vous saurez que vous êtes sur la bonne voie. Vous pourrez commencer à écrire.

ARTICULER

« Une force devient mouvement dès qu'elle entre en acte et se développe dans la durée. »

Si vous ne parvenez pas à articuler votre souffrance dans une structure bien définie, vous êtes foutu. La souffrance vous bouffera tout cru, de l'intérieur, avant que vous ayez eu le temps d'écrire quoi que ce soit.

La structure est le seul moyen d'échapper au suicide. Et le suicide ne résout rien. Imaginez que Baudelaire ait réussi sa tentative de suicide, à vingt-quatre ans.

Croyez à la structure. Croyez aux métriques anciennes, également. La versification est un puissant outil de libération de la vie intérieure.

Ne vous sentez pas obligé d'inventer une forme neuve. Les formes neuves sont rares. Une par siècle, c'est déjà bien. Et ce ne sont pas forcément les plus grands poètes qui en sont l'origine. La poésie n'est pas un travail sur le langage ; pas essentiellement. Les mots sont sous la responsabilité de l'ensemble de la société.

La plupart des formes neuves se produisent non pas en partant de zéro, mais par lente dérivation à partir d'une forme antérieure. L'outil s'adapte, peu à peu ; il subit de légères modifications ; la nouveauté qui résulte de leur effet conjoint n'apparaît généralement qu'à la fin, une fois l'œuvre écrite. C'est tout à fait comparable à l'évolution animale.

Vous émettrez d'abord des cris inarticulés. Et vous serez souvent tenté d'y revenir. C'est normal. La poésie, en réalité, précède de peu le langage articulé.

Replongez dans les cris inarticulés, chaque fois que vous en ressentirez le besoin. C'est un bain de jouvence. Mais n'oubliez pas : si vous ne parvenez pas, au moins une fois de temps à autre, à en sortir, vous mourrez. L'organisme humain a ses limites.

Au paroxysme de la souffrance, vous ne pourrez plus écrire. Si vous vous en sentez la force, essayez tout de même. Le résultat sera probablement mauvais ; probablement, mais pas certainement.

Ne travaillez jamais. Écrire des poèmes n'est pas un travail ; c'est une charge.

Si l'emploi d'une forme déterminée (par exemple l'alexandrin) vous demande un effort, renoncez-y. Ce type d'effort n'est jamais payant.

Il en va autrement de l'effort général, permanent, consistant à échapper à l'apathie. Il est, lui, indispensable.

Au sujet de la forme, n'hésitez jamais à vous contredire. Bifurquez, changez de direction autant de fois que nécessaire. Ne vous efforcez pas trop d'avoir une personnalité cohérente ; cette personnalité existe, que vous le vouliez ou non.

Ne négligez rien de ce qui peut vous procurer une parcelle d'équilibre. De toute façon, le bonheur n'est pas pour vous ; cela est décidé, et depuis fort longtemps. Mais si vous pouvez attraper un de ses simulacres, faites-le. Sans hésiter.

De toute façon, ça ne durera pas.

Votre existence n'est plus qu'un tissu de souffrances. Vous pensez parvenir à les déployer dans une forme cohérente. Votre objectif, à ce stade : une espérance de vie suffisante.

SURVIVRE

« Le métier des lettres est tout de même le seul où on puisse sans ridicule ne pas gagner d'argent. »

Jules RENARD

Un poète mort n'écrit plus. D'où l'importance de rester vivant.

Ce raisonnement simple, il vous sera parfois difficile de le tenir. En particulier au cours des périodes de stérilité créatrice prolongée. Votre maintien en vie vous apparaîtra, dans ces cas, douloureusement inutile ; de toute façon, vous n'écrirez plus.

À cela, une seule réponse : au fond, vous n'en savez rien. Et si vous vous examinez honnêtement, vous devrez finalement en convenir. On a vu des cas étranges.

Si vous n'écrivez plus, c'est peut-être le prélude d'un changement de forme. Ou d'un changement de thème. Ou des deux. Ou c'est peut-être, effectivement, le prélude de votre mort créatrice. Mais vous n'en savez rien. Vous ne connaîtrez jamais exactement cette part de vous-même qui vous pousse à écrire. Vous ne la connaîtrez que sous des formes approchées, et contradictoires. Égoïsme ou dévouement ? Cruauté ou compassion ? Tout pourrait se soutenir. Preuve que, finalement, vous ne savez rien ; alors ne vous comportez pas comme si vous saviez. Devant votre ignorance, devant cette part mystérieuse de vous-même, restez honnête et humble.

Non seulement les poètes qui vivent vieux produisent dans l'ensemble davantage, mais la vieillesse est le siège de processus physiques et mentaux particuliers, qu'il serait dommage de méconnaître.

Cela dit, survivre est extrêmement difficile. On pourra penser à adopter une *stratégie à la Pessoa* : trouver un petit emploi, ne rien publier, attendre paisiblement sa mort.

En pratique, on ira au-devant de difficultés importantes : sensation de perdre son temps, de ne pas être à sa place, de ne pas être estimé à sa vraie valeur... tout cela deviendra vite insoutenable. L'alcool sera difficile à éviter. En fin de compte l'amertume et l'aigreur seront au bout du chemin, vite suivies par l'apathie, et la stérilité créatrice complète.

Cette solution a donc ses inconvénients, mais c'est en général la seule. Ne pas oublier les psychiatres, qui disposent de la faculté de donner des arrêts de travail. Par contre, le séjour prolongé en hôpital psychiatrique est à proscrire : trop destructeur. On ne l'utilisera qu'en dernier ressort, comme alternative à la clochardisation.

Les mécanismes de solidarité sociale (allocation chômage, etc.) devront être utilisés à plein, ainsi que le soutien financier d'amis plus aisés. Ne développez pas de culpabilité excessive à cet égard. Le poète est un parasite sacré.

Le poète est un parasite sacré ; semblable aux scarabées de l'ancienne Égypte, il peut prospérer sur le corps des sociétés riches et en décomposition. Mais il a également sa place au cœur des sociétés frugales et fortes.

Vous n'avez pas à vous battre. Les boxeurs se battent ; pas les poètes. Mais, quand même, il faut publier un petit peu ; c'est la condition nécessaire pour que la *reconnaissance posthume* puisse avoir lieu. Si vous ne publiez pas un minimum (ne serait-ce que quelques textes dans une revue de second ordre), vous passerez inaperçu de la postérité ; aussi inaperçu que vous l'étiez de votre vivant. Fussiez-vous le plus parfait génie, il vous faudra laisser une trace ; et faire confiance aux archéologues littéraires pour exhumer le reste.

Cela peut rater ; cela rate souvent. Vous devrez au moins une fois par jour vous répéter que l'essentiel est de faire son possible.

L'étude de la biographie de vos poètes préférés pourra vous être utile ; elle devrait vous permettre d'éviter certaines erreurs.

Dites-vous bien qu'en règle générale il n'y a pas de bonne solution au problème de la survie matérielle ; mais il y en a de très mauvaises.

Le problème du lieu de vie ne se posera en général pas ; vous irez où vous pourrez. Essayez simplement d'éviter les voisins trop bruyants, capables à eux seuls de provoquer une mort intellectuelle définitive.

Une petite insertion professionnelle peut apporter certaines connaissances, éventuellement utilisables dans une œuvre ultérieure, sur le fonctionnement de la société. Mais une période de clochardisation, où l'on plongera dans la marginalité, apportera d'autres savoirs. L'idéal est d'alterner.

D'autres réalités de la vie, telles qu'une vie sexuelle harmonieuse, le mariage, le fait d'avoir des enfants, sont à la fois bénéfiques et fécondes. Mais elles sont presque impossibles à atteindre. Ce sont là, sur le plan artistique, des terres pratiquement inconnues.

D'une manière générale, vous serez bringuebalé entre l'amertume et l'angoisse. Dans les deux cas, l'alcool vous aidera. L'essentiel est d'obtenir ces quelques moments de rémission qui permettront la réalisation de votre œuvre. Ils seront brefs ; efforcez-vous de les saisir.

N'ayez pas peur du bonheur ; il n'existe pas.

FRAPPER LÀ OÙ ÇA COMPTE

« Efforce-toi de te présenter devant Dieu comme un homme éprouvé, un ouvrier qui n'a point à rougir, qui dispense droitement la parole de la vérité. »

(II Timothée, 2, 15)

Ne recherchez pas la connaissance pour elle-même. Tout ce qui ne procède pas directement de l'émotion est, en poésie, de valeur nulle.

(Il faut bien sûr entendre *émotion* au sens large ; certaines émotions ne sont ni agréables ni désagréables ; c'est en général le cas du sentiment d'étrangeté.)

L'émotion abolit la chaîne causale ; elle est seule capable de faire percevoir les choses en soi ; la transmission de cette perception est l'objet de la poésie.

Cette identité de buts entre la philosophie et la poésie est la source de la secrète complicité qui les lie. Celle-ci ne se manifeste pas essentiellement par l'écriture de poèmes philosophiques ; la poésie doit découvrir la réalité par ses propres voies, purement intuitives, sans passer par le filtre d'une reconstruction intellectuelle du monde. Encore moins par la philosophie exprimée sous forme poétique, qui n'est le plus souvent qu'une misérable duperie. Mais c'est toujours chez les poètes qu'une philosophie neuve trouvera ses lecteurs les plus sérieux, les plus attentifs et féconds. De même, seuls certains philosophes seront capables de discerner, de mettre au jour et d'utiliser les vérités cachées dans la poésie. C'est dans la poésie, presque autant que dans la contemplation directe — et beaucoup plus que dans les philosophies antérieures —, qu'ils trouveront matière à de nouvelles représentations du monde.

Respectez les philosophes, ne les imitez pas ; votre voie, malheureusement, est ailleurs. Elle est indissociable de la névrose. L'expérience poétique et l'expérience névrotique sont deux chemins qui se croisent, s'entrecroisent, et finissent le plus souvent par se confondre ; ceci par dissolution du filon poétique dans le flot sanglant de la névrose. Mais vous n'avez pas le choix. Il n'y a pas d'autre chemin.

Le travail permanent sur vos obsessions finira par vous transformer en une loque pathétique, minée par l'angoisse ou dévastée par l'apathie. Mais, je le répète, il n'y a pas d'autre chemin.

Vous devez atteindre le point de non-retour. Briser le cercle. Et produire quelques poèmes, avant de vous écraser au sol. Vous aurez entrevu des espaces immenses. Toute grande passion débouche sur l'infini.

En définitive, l'amour résout tous les problèmes. De même, toute grande passion finit par conduire à une zone de vérité. À un espace différent, extrêmement douloureux, mais où la vue porte loin, et clair. Où les objets nettoyés apparaissent dans leur netteté, leur vérité limpide.

Croyez à l'identité entre le Vrai, le Beau et le Bien.

La société où vous vivez a pour but de vous détruire. Vous en avez autant à son service. L'arme qu'elle emploiera est l'indifférence. Vous ne pouvez pas vous permettre d'adopter la même attitude. Passez à l'attaque !

Toute société a ses points de moindre résistance, ses plaies. Mettez le doigt sur la plaie, et appuyez bien fort.

Creusez les sujets dont personne ne veut entendre parler. L'envers du décor. Insistez sur la maladie, l'agonie, la laideur. Parlez de la mort, et de l'oubli. De la jalousie, de l'indifférence, de la frustration, de l'absence d'amour. Soyez abjects, vous serez vrais.

N'adhérez à rien. Ou bien adhérez, puis trahissez tout de suite. Aucune adhésion théorique ne doit vous retenir bien longtemps. Le militantisme rend heureux, et vous n'avez pas à être heureux. Vous êtes du côté du malheur ; vous êtes la partie sombre.

Votre mission n'est pas avant tout de proposer, ni de construire. Si vous pouvez le faire, faites-le. Si vous aboutissez à des contradictions insoutenables, dites-le. Car votre mission la plus profonde est de creuser vers le Vrai. Vous êtes le fossoyeur, et vous êtes le cadavre. Vous êtes le corps de la société. Vous êtes responsables du corps de la société. Tous responsables, dans une égale mesure. Embrassez la terre, ordures !

Déterminez l'innocence, et la culpabilité. D'abord en vous-même, ce qui fournira un guide. Mais aussi chez les autres. Considérez leur comportement, et leurs excuses ; puis jugez, en toute impartialité. Vous ne vous épargnez pas ; n'épargnez personne.

Vous êtes riches. Vous connaissez le Bien, vous connaissez le Mal. Ne renoncez jamais à les séparer ; ne vous laissez pas engluer dans la tolérance, ce pauvre stigmate de l'âge. La poésie est en mesure d'établir des vérités morales définitives. Vous devez haïr la liberté de toutes vos forces.

La vérité est scandaleuse. Mais, sans elle, il n'y a rien qui vaille. Une vision honnête et naïve du monde est déjà un chef-d'œuvre. En regard de cette exigence, l'originalité pèse peu. Ne vous en préoccupez pas. De toute manière, une originalité se dégagera forcément de la somme de vos défauts. Pour ce qui vous concerne, dites simplement la vérité ; dites tout simplement la vérité, ni plus ni moins.

Vous ne pouvez aimer la vérité et le monde. Mais vous avez déjà choisi. Le problème consiste maintenant à tenir ce choix. Je vous invite à garder courage. Non que vous ayez quoi que ce soit à espérer. Au contraire, sachez que vous serez très seuls. La plupart des gens s'arrangent avec la vie, ou bien ils meurent. Vous êtes des suicidés vivants.

À mesure que vous approchez de la vérité, votre solitude augmente. Le bâtiment est splendide, mais désert. Vous marchez dans des salles vides, qui vous renvoient l'écho de vos pas. L'atmosphère est limpide et invariable ; les objets semblent statufiés. Parfois vous vous mettez à pleurer, tant la netteté de la vision est cruelle. Vous aimeriez retourner en arrière, dans les brumes de l'inconnaissance ; mais au fond vous savez qu'il est déjà trop tard.

Continuez. N'ayez pas peur. Le pire est déjà passé. Bien sûr, la vie vous déchirera encore ; mais, de votre côté, vous n'avez plus tellement à faire avec elle. Souvenez-vous-en : fondamentalement, vous êtes déjà mort. Vous êtes maintenant en tête à tête avec l'éternité.

Prise de contrôle sur Numéris

« Quel réseau ? De quoi voulez-vous parler ? Je suis le maître du réseau. »

Le ciel s'assombrit entre les tours ; j'effleure le clavier de mon micro-ordinateur. Du haut de son trône dans les cieux, le Seigneur Dieu me fait un discret signe de tête d'approbation. Le processeur RISC atteint son régime de croisière ; toutes les 10 nanosecondes, le bus d'entrée-sortie balaie les bornes de ma carte de communication LCE124 ; celle-ci ne démarrera que si j'active le LCECOM.BIN et le 386SPART.PAR. Après avoir effectué ces opérations, j'accède au menu de paramétrage réseau. Les anges du Seigneur Dieu volent doucement dans la pièce ; ils observent mes initiatives sans rien dire ; contrairement à eux, je dispose de la liberté morale.

L'Afrique sombre dans la mort
Et les Polonais,
Les pauvres Polonais,
Semblent destinés une fois de plus à jouer le rôle de guignols du libre-échange.
Pendant ce temps, l'Europe occidentale bascule dans le camp des pays moyen-pauvres ;
Situation « à la libanaise ».

Après quelques secondes de réflexion, je clique sur le service préenregistré 3615 ALINE. Dans le quart d'heure qui précède, 23 personnes en France ont procédé à la même connexion (généralement au travers d'une procédure beaucoup plus simple) ; ce sont essentiellement, je le sais par expérience, des prostituées télématiques et des hommes. Je choisis le pseudonyme SUPERSALOPE, qui me paraît un peu forcé ; cependant, bien vite, j'ai des appels ; la plupart des connectés — sans doute des habitués — me demandent directement : « COMBIEN ? » Pendant ce temps, j'examine le CV de CÂLINES :

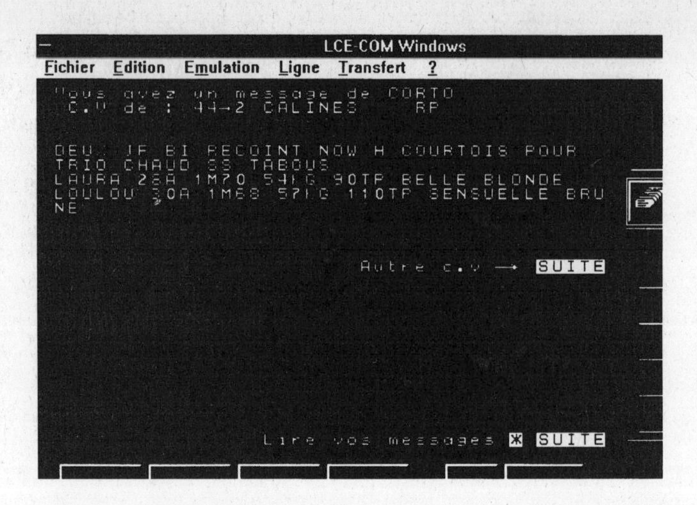

Avoir un CV me paraît un point fort ; j'en compose donc un, que je limite à cette notation : « J'AIME ME PROMENER SANS CULOTTE. » Outre de nombreux appels d'hommes, ce trait me vaut la sympathie d'une femme qui m'adresse le message suivant : « NON VÉNALE ? ESSAIE ÉMILIE. »

Bon. Essayons. Je me connecte à 3615 ÉMILIE en me faisant passer pour un homme et je commence à pianoter tranquillement ; la lune circule entre les nuages. Quelques voitures passent encore sur le boulevard Brune. J'envoie des messages à certaines femmes ; certaines femmes me répondent. Je crois un moment avoir capté l'attention d'ANNIE :

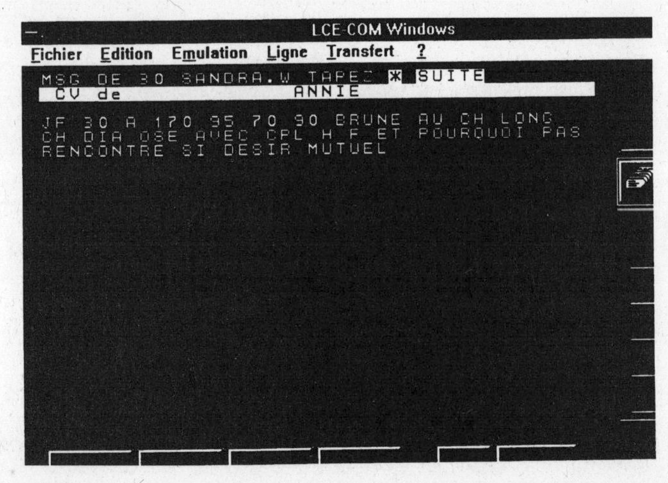

Mais, finalement, ANNIE ne répond plus ; a-t-elle atteint les sommets enchantés du désir mutuel ? Tant mieux pour elle, tant mieux pour elle. Je me rabats sur SANDRA.W, et nous commençons à converser gentiment. Tout va bien. Tout va très bien. Les paquets d'informations numérisées circulent dans les fibres optiques à la vitesse de la lumière, traversent les routeurs intelligents — tandis que les centraux de multiplexage assurent l'acquittement des trames. Tout est bien. Je pense à Albert Gore, vice-président des États-Unis d'Amérique et initiateur d'un ambitieux projet de réseau multimédia permettant de transmettre « voix, textes, données, images » à travers le continent américain. Quand son projet fonctionnera, pourrai-je entendre mon interlocutrice ? Pourrai-je me masturber, pour elle, devant un vidéocapteur ?

Je demande à SANDRA.W de se décrire, elle me répond par le message suivant : « 165 58K 90TP. » Dans un sens, on peut y voir une volonté d'honnêteté et de transparence dans les relations humaines ; il est certain que toute description utilisant le langage articulé est sujette à l'imprécision et à l'amateurisme ; ainsi BOBRUN peut-il correspondre à une calvitie quasi totale entourée d'une couronne de cheveux maigres, mais indiscutablement noirs ; quant à BELNANA, n'en parlons pas. Il est vrai qu'on a pu coder l'intelligence sur 3 chiffres (QI 132) ; il est vrai que les ratiocinations sociologiques à la Proust sont aujourd'hui avantageusement remplacées par des notations sobres et lumineuses, du style : 300 kilofrancs. Certes, il paraît anormal que les paramètres de l'échange sexuel restent tributaires d'une description lyrique, impressionniste, pour tout dire peu fiable.

La société est cela qui établit des différences
Et des procédures de contrôle ;
Dans le supermarché je fais acte de présence,
Je joue très bien mon rôle.

J'accuse mes différences,
Je délimite mes exigences
Et j'ouvre la mâchoire ;
Mes dents sont un peu noires.

Le prix des choses et des êtres se définit par consensus trans-
[parent
Où interviennent les dents,
La peau et les organes,
La beauté qui se fane ;

Certains produits glycérinés
Peuvent constituer un facteur de surestimation partielle ;
On dit : « Vous êtes belle » ;
Le terrain est miné.

Victime d'un moment de lassitude, je marche de long en large dans la pièce ; je me déconnecte sans répondre à SANDRA.W. A tout hasard, je mets en route quelques icônes pornographiques (elles représentent essentiellement des visages de femmes qui montent et descendent, suçant des sexes d'hommes) et je baisse mon slip jusqu'à mes chevilles avant de me reconnecter à R75. Le Seigneur Dieu me prend en pitié et m'envoie la grâce d'une excitation sexuelle qui m'inspire d'utiliser le pseudo de SANDRINE et de composer le CV suggestif que voici :

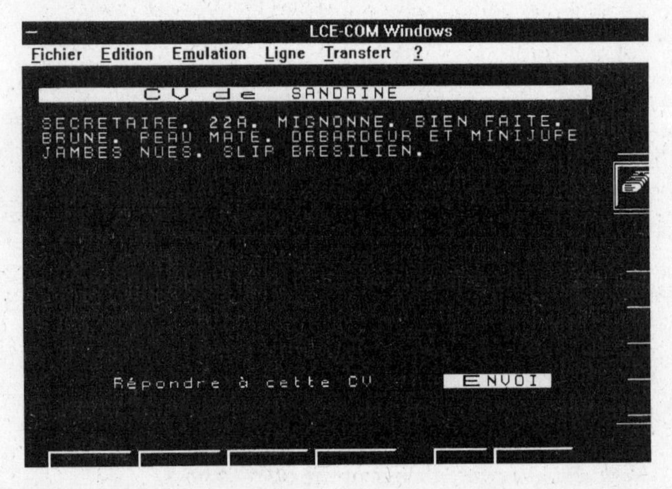

Mon arrivée sur le « réseau parisien » provoque une vive sensation : les messages d'hommes, les messages de femmes se succèdent sans interruption sur mon terminal ; chacun veut faire la connaissance de mes 22 ans et de mon slip brésilien. Je rêve un instant au couple splendide que je pourrais former avec RENC DAMES :

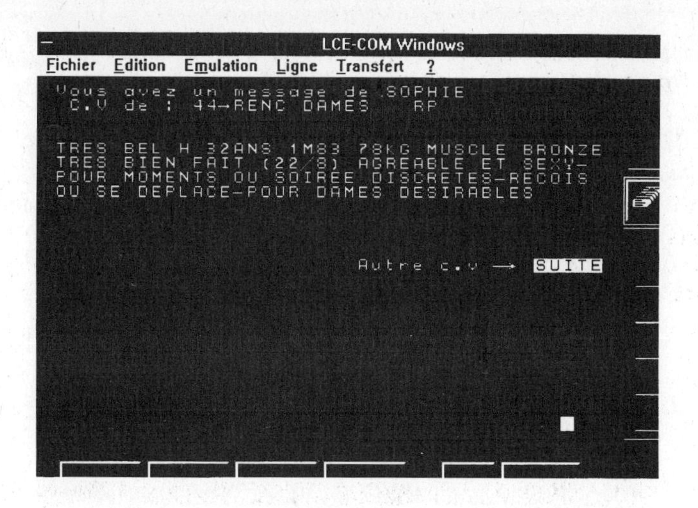

Voilà un garçon qui a utilisé au maximum ses 4 lignes de 40 caractères. J'ai d'abord un peu de mal à déchiffrer son message, mais je m'y fais. Le chiffre de 22 désigne la longueur en centimètres de son sexe en érection ; le chiffre de 8 doit désigner le diamètre, sans doute un peu exagéré (la circonférence approximative serait alors obtenue en multipliant par 3,14). Méditant sur la numérisation progressive du monde, j'élabore le projet d'un numéro sexuel normalisé calqué sur le principe du numéro de sécurité sociale à 13 chiffres. Le sexe serait codé sur un caractère, l'année de naissance sur deux ; ensuite viendraient la taille et le poids (cinq caractères). Pour les femmes, le système de mensurations usuel (tour de hanches — tour de taille — tour de poitrine) semble bien entré dans les mœurs ; en ce qui concerne les hommes, la vulgarisation de la pornographie nous a familiarisés avec le système de numérisation simple utilisé par RENC DAMES. Sur ces bases, une femme pourrait être codée sur 14 caractères, un homme sur 12 (ce qui confirme l'opinion courante sur la plus grande complexité de la femme). A titre d'exemple, voici les numéros sexuels normalisés de quelques amis : 159173651704, 26116144875585, 25516452925788, 158180701504, 164168581405. Les avantages du système apparaissent évidents en termes de simplicité, de fiabilité, de rapidité de traitement des informations. Une disquette de format courant pourrait contenir les coordonnées sexuelles de plus de 100 000 personnes... L'HUMANITÉ ENTIÈRE TIENDRAIT SUR UN DISQUE LASER !

Vers 23 h 30, je ressens une présence dans la pièce ; quelque chose ou quelqu'un cherche à rentrer en communication avec moi. Je n'en tiens pas compte, mais je me sens gagné par un certain malaise. Je pose une main sur mon membre viril ; sans me masturber réellement, je me donne quelques petits coups ; le malaise persiste ; il semble y avoir quelque chose de visqueux ou de filandreux dans l'atmosphère de cette chambre. Je me déconnecte brutalement et je me relève. Sexe tendu, je me tourne vers le Créateur de l'Univers : souhaite-t-il que ma pulsion sexuelle se mue en pulsion de cruauté ? Souhaite-t-il que je me tourne vers l'action révolutionnaire ? Le troupeau blanchâtre des anges du Seigneur, effrayé par mon audace, s'est réfugié dans un coin de la pièce. Ils se recroquevillent, se blottissent les uns contre les autres, la poussière du sol souille leurs ailes ; peu à peu ils se transforment en une masse grisâtre et floue. Il est presque minuit. Je reviens vers mon terminal, je me branche sur 3615 AFP. Beaucoup de journalistes, je le sais, laissent ce service allumé en permanence. J'ai programmé la combinaison de touches CTRL-F11 pour déclencher une interruption système et me dérouter sur le debugger VMS. De là, je peux facilement accéder au serveur en écriture. J'envisage un instant d'introduire une dépêche annonçant la mort de François Mitterand, ou un attentat meurtrier ayant ravagé le Forum des Halles ; mais tout cela me paraît convenu, banal ; le Créateur de l'Univers garde un silence obstiné. J'opte finalement pour une stratégie de brouillage simple et je recopie un virus furtif sur le noyau de routage des dépêches ; il devrait perturber les transmissions pendant quelques jours en générant un fort débit de pseudo-messages aléatoires.

La soirée s'achève ; je réactive quelques icônes pornographiques ; les seins continuent à tressauter, les lèvres à monter et à descendre le long des bites. Sur le boulevard Brune, la circulation s'est calmée. Certaines fenêtres d'immeubles sont allumées ; la plupart sont éteintes. Les uns vivent, les autres dorment. Après ma mort, je dormirai peut-être.

Je continue à pianoter doucettement en songeant à la précession des équinoxes ; à ces fatras d'Ère du Verseau. (J'ai repris le même pseudonyme que tout à l'heure ; beaucoup de pauvres types m'envoient des messages pleins d'espoir : « SANDRINE, TU ES REVENUE ? », « C'EST TOI, SANDRINE ? ») Je songe à cette nouvelle ère basée sur la liberté, la communication, l'intelligence ; sur la rationalité plus que sur l'intuition ; sur le respect mutuel plus que sur la compassion. A nouveau je tourne mes pensées vers Albert Gore, vice-président des États-Unis d'Amérique et chantre des réalités virtuelles ; si mon micro-ordinateur était équipé de *DataGloves*, pourrais-je rentrer en contact physique avec mon interlocutrice — réelle ou virtuelle ? Je m'en fous. Maintenant, je m'en fous.

Une lumière bleue s'établit sur la ville,
Il est temps de faire vos jeux ;
La circulation tombe. Tout s'arrête. La ville est si tranquille.
Dans un brouillard de plomb, la peur au fond des yeux,
Nous marchons vers la ville,
Nous traversons la ville.

Près des voitures blindées, la troupe des mendiants,
Comme une flaque d'ombre,
Glisse en se tortillant au milieu des décombres
Ton frère fait partie des mendiants
Il fait partie des errants
Je n'oublie pas ton frère,
Je n'oublie pas le jeu.

On achète du riz dans des passages couverts,
Encerclés par la haine
La nuit est incertaine,
La nuit est presque rouge
Traversant les années, au fond de moi, elle bouge,
La mémoire de la mer.

Deux heures du matin ; je me déconnecte. La lune flotte au-dessus des tours. Tout est calme. Une paix exquise envahit le ciel nocturne ; les transmissions par satellite, cependant, se poursuivent. Je fais le serment, autant qu'il sera en mon pouvoir, de retarder l'avènement de l'Ère du Verseau, en attendant les prochaines mutations divines. Je fais le serment de favoriser autant que possible la génération et la diffusion des informations fausses, et d'empêcher ou de retarder la diffusion des informations vraies. Je prends l'engagement de contribuer à répandre massivement l'utilisation des techniques de brouillage, et de divulguer à quiconque souhaitera en faire usage les principales méthodes de destruction et de piratage des réseaux. En présence du Créateur de l'Univers, des anges, des archanges, des puissances célestes assemblées, je m'engage à participer dans la mesure de mes moyens à la création de nouveaux virus, d'une nocivité et d'un pouvoir de destruction croissants, et à faciliter la propagation des virus existants.

Je m'allonge sur mon lit ; je sens le sommeil venir. Le Seigneur Dieu quitte son trône dans les cieux, et vient partager ma couche.

Approches du désarroi

« Je me bats contre des idées dont je ne suis même pas sûr qu'elles existent. »

Antoine WAECHTER

La version définitive de ce texte est parue
dans *Dix* (Les Inrockuptibles/Grasset, 1997)

L'architecture contemporaine comme vecteur d'accélération des déplacements

Le grand public, on le sait, n'aime pas l'art contemporain. Cette constatation triviale recouvre en fait deux attitudes opposées. Traversant par hasard un lieu où sont exposées des pièces de peinture ou de sculpture contemporaines, le passant moyen s'arrêtera devant les œuvres présentées, fût-ce pour s'en moquer. Son attitude oscillera entre l'amusement ironique et le ricanement pur et simple ; dans tous les cas, il sera sensible à une certaine dimension de *dérision* ; l'insignifiance même de ce qui lui est présenté sera pour lui un gage rassurant d'innocuité ; il aura certes *perdu du temps*, mais de manière, au fond, pas si désagréable.

Placé cette fois dans une architecture contemporaine, le même passant aura beaucoup moins envie de rire. Dans des conditions favorables (tard le soir, ou sur fond de sirènes de police), on observera un phénomène nettement caractérisé d'*angoisse*, avec accélération de l'ensemble des sécrétions organiques. Dans tous les cas, l'ensemble fonctionnel constitué par les organes de la vision et les membres locomoteurs connaîtra une importante montée en régime.

Ainsi en est-il lorsqu'un car de touristes, égaré par le lacis d'une signalisation exotique, dépose son chargement dans le quartier des banques de Ségovie, ou le centre d'affaires de Barcelone. Plongés dans leur univers habituel d'acier, de verre et de signaux, les visiteurs retrouvent aussitôt la démarche rapide, le regard fonctionnel et orienté qui correspondent à l'environnement proposé. Progressant entre les pictogrammes et les signalisations écrites, ils ne tardent pas à atteindre le quartier de la cathédrale, le cœur historique de la ville. Aussitôt, leur démarche se ralentit ; le mouvement de leurs yeux acquiert quelque chose d'aléatoire, presque d'erratique. Une certaine stupéfaction hébétée se lit sur leur visage (phénomène d'ouverture de la bouche, typique chez les Américains). À l'évidence ils se sentent en présence d'objets visuels inhabituels, complexes, difficiles à décrypter. Bien vite, cependant, des messages apparaissent sur les murs ; par la grâce de l'office du tourisme, des repères historico-culturels se mettent en place ; nos voyageurs peuvent alors sortir leurs caméscopes pour inscrire la mémoire de leurs déplacements dans un parcours culturel *orienté*.

L'architecture contemporaine est une architecture *modeste* ; elle ne manifeste sa présence autonome, sa présence en tant qu'architecture que par de discrets *clins d'œil* — en général des micro-messages publicitaires sur ses propres techniques de fabrication (il est par exemple d'usage d'assurer une très bonne visibilité aux machineries d'ascenseur, ainsi qu'au nom de la firme responsable de leur conception).

L'architecture contemporaine est une architecture *fonctionnelle* ; les questions esthétiques la concernant ont du reste depuis longtemps été éradiquées par la formule : « Ce qui est fonctionnel est forcément beau. » Parti pris surprenant, que le spectacle de la nature contredit en permanence, incitant plutôt à voir la beauté comme une sorte de *revanche sur la raison*. Si les formes de la nature plaisent à l'œil c'est souvent qu'elles ne servent à rien, qu'elles ne répondent à aucun critère d'efficacité perceptible. Elles se reproduisent avec luxuriance, avec richesse, mues apparemment par une force interne qu'on peut qualifier par le pur désir d'être, le simple désir de se reproduire ; force à vrai dire peu compréhensible (il suffit de penser à l'inventivité burlesque et un peu répugnante du monde animal) ; force qui n'en est pas moins d'une évidence étouffante. Certaines formes de la nature inanimée (cristaux, nuages, réseaux hydrographiques) paraissent il est vrai obéir à un critère d'optimalité thermodynamique ; mais ce sont justement les plus complexes, les plus ramifiées. Elles n'évoquent en rien le fonctionnement d'une machine rationnelle, mais bien plutôt le bouillonnement chaotique d'un *processus*.

Atteignant son propre optimum dans la constitution de lieux tellement fonctionnels qu'ils en deviennent invisibles, l'architecture contemporaine est une architecture *transparente*. Devant permettre la circulation rapide des individus et des marchandises, elle tend à réduire l'espace à sa dimension purement géométrique. Destinée à être traversée par une succession ininterrompue de messages textuels, visuels et iconiques, elle doit leur assurer une lisibilité maximale (seul un lieu parfaitement transparent est susceptible d'assurer une conductibilité totale de l'information). Soumis à la dure loi du consensus, les seuls messages permanents qu'elle s'autorisera seront cantonnés à un rôle d'information objective. Ainsi, le contenu de ces immenses panneaux qui bordent les parcours autoroutiers a fait l'objet d'une étude préalable fouillée. De nombreux sondages ont été réalisés, afin d'éviter de choquer telle ou telle catégorie d'usagers ; des psychosociologues ont été consultés, ainsi que des spécialistes de la sécurité routière : tout cela pour aboutir à des indications du style « Auxerre » ou « Les lacs ».

La gare Montparnasse développe une architecture transparente et non mystérieuse, établit une distance nécessaire et suffisante entre écrans vidéo d'information horaire et bornes électroniques de réservation, organise avec une redondance adéquate le fléchage des quais de départ-arrivée ; ainsi permet-elle à l'individu occidental d'intelligence moyenne ou supérieure de réaliser son objectif de déplacement en minimisant le frottement, l'incertitude, le temps perdu. Plus généralement, toute l'architecture contemporaine doit être considérée comme un immense dispositif d'accélération et de rationalisation des déplacements humains ; son point idéal, à cet égard, serait le système d'échangeur d'autoroutes qu'on peut observer au voisinage de Fontainebleau-Melun Sud.

C'est ainsi également que l'ensemble architectural connu sous le nom de La Défense peut être lu comme un pur dispositif productiviste, un dispositif d'accroissement de la productivité individuelle. Cette vision paranoïde a beau être localement exacte, elle est incapable de rendre compte de l'uniformité des réponses architecturales proposées à la diversité des besoins sociaux (hypermarchés, boîtes de nuit, immeubles de bureaux, centres culturels et sportifs). On progressera par contre en considérant que nous vivons non seulement dans une économie de marché, mais plus généralement dans une *société de marché*, c'est-à-dire un espace de civilisation où l'ensemble des rapports humains, et pareillement l'ensemble des rapports de l'homme au monde, sont médiatisés par le biais d'un calcul numérique simple faisant intervenir l'attractivité, la nouveauté et le rapport qualité-prix. Dans cette logique, qui recouvre aussi bien les relations érotiques, amoureuses, professionnelles que les comportements d'achat proprement dits, il s'agit de faciliter la mise en place multiple de rapports relationnels rapidement renouvelés (entre consommateurs et produits, entre employés et entreprises, entre amants), donc de promouvoir une fluidité consumériste basée sur une éthique de la responsabilité, de la transparence et du libre choix.

Construire des rayonnages

L'architecture contemporaine se dote donc implicitement d'un programme simple, qu'on peut résumer ainsi : *construire les rayonnages de l'hypermarché social*. Elle y parvient d'une part en manifestant une totale fidélité à l'esthétique du casier, d'autre part en privilégiant l'emploi de matériaux à granulométrie faible ou nulle (métal, verre, matières plastiques). L'emploi de surfaces réfléchissantes ou transparentes permettra en outre une seyante démultiplication des présentoirs. Il s'agit dans tous les cas de créer des espaces polymorphes, indifférents, modulables (le même processus est d'ailleurs à l'œuvre dans la décoration intérieure : aménager un appartement en cette fin de siècle, c'est essentiellement abattre les murs pour les remplacer par des cloisons mobiles — qui seront en fait peu déplacées, parce qu'il n'y a aucune raison de les déplacer ; mais l'essentiel est que la possibilité de déplacement existe, qu'un degré de liberté supplémentaire ait été créé — et supprimer les éléments de décoration fixe : les murs seront blancs, les meubles translucides). Il s'agit de créer des espaces neutres où pourront se déployer librement les messages informatifs-publicitaires générés par le fonctionnement social, et qui par ailleurs le constituent. Car que produisent ces employés et ces cadres, à La Défense rassemblés ? À proprement parler, rien ; le processus de production matérielle leur est même devenu parfaitement opaque. Des informations numériques leur sont transmises sur les objets du monde. Ces informations sont la matière première de statistiques, calculs ; des modèles sont élaborés, des graphes de décision sont produits ; en bout de chaîne des décisions sont prises, de nouvelles informations sont réinjectées dans le corps social. Ainsi, la chair du monde est remplacée par son image numérisée ; l'être des choses est supplanté par le graphique de ses variations. Polyvalents, neutres et modulaires, les lieux modernes s'adaptent à l'infinité de messages auxquels ils doivent servir de support. Ils ne peuvent s'autoriser à délivrer une signification autonome, à évoquer une ambiance particulière ; ils ne peuvent ainsi avoir ni beauté, ni poésie, ni plus généralement aucun caractère propre. Dépouillés de tout caractère individuel et permanent, et à cette condition, ils seront prêts à accueillir l'indéfinie pulsation du transitoire.

Mobiles, ouverts à la transformation, disponibles, les employés modernes subissent un processus de dépersonnalisation analogue. Les techniques d'apprentissage du changement popularisées par les ateliers *New Age* se donnent pour objectif de créer des individus indéfiniment mutables, débarrassés de toute rigidité intellectuelle ou émotionnelle. Libéré des entraves que constituaient les appartenances, les fidélités, les codes de comportement rigides, l'individu moderne est ainsi prêt à prendre place dans un système de transactions généralisées au sein duquel il est devenu possible de lui attribuer, de manière univoque et non ambiguë, une *valeur d'échange.*

Simplifier les calculs

La numérisation progressive du fonctionnement microsociologique, déjà bien avancée aux États-Unis, avait pris un retard notable en Europe occidentale, comme en témoignent par exemple les romans de Marcel Proust. Il fallut plusieurs décennies pour parvenir à l'apurement complet des significations symboliques surajoutées aux différentes professions, que ces significations soient laudatives (église, enseignement) ou dépréciatives (publicité, prostitution). À l'issue de ce processus de décantation, il devint possible d'établir une hiérarchie précise entre les statuts sociaux sur la base de deux critères numériques simples : le revenu annuel, le nombre d'heures travaillées.

Sur le plan amoureux, les paramètres de l'échange sexuel étaient eux aussi longtemps demeurés tributaires d'un système de description lyrique, impressionniste, peu fiable. C'est encore une fois des États-Unis d'Amérique que devait venir la première tentative sérieuse de définition de standards. Basée sur des critères simples et objectivement vérifiables (âge — taille — poids — mensurations hanches-taille-poitrine pour les femmes ; âge — taille — poids — mensurations du sexe en érection pour les hommes), elle fut d'abord popularisée par l'industrie porno, bientôt relayée par les magazines féminins. Si la hiérarchie économique simplifiée fit longtemps l'objet d'oppositions sporadiques (mouvements en faveur de la « justice sociale »), il est à noter que la hiérarchie érotique, perçue comme plus naturelle, fut rapidement intériorisée et fit d'emblée l'objet d'un large consensus.

Dorénavant aptes à se définir eux-mêmes par une collection brève de paramètres numériques, libérés des pensées de l'Être qui avaient longtemps entravé la fluidité de leurs mouvements mentaux, les êtres humains occidentaux — du moins les plus jeunes — furent ainsi en mesure de s'adapter aux mutations technologiques qui traversaient leurs sociétés, mutations qui entraînaient à leur suite d'amples transformations économiques, psychologiques et sociales.

Une brève histoire de l'information

Vers la fin de la Seconde Guerre mondiale, la simulation des trajectoires de missiles à moyenne et longue portée, comme la modélisation des réactions fissiles à l'intérieur du noyau atomique, firent sentir le besoin de moyens de calcul algorithmiques et numériques d'une puissance accrue. Grâce en partie aux travaux théoriques de John von Neumann, les premiers ordinateurs virent le jour.

À cette époque, les travaux de bureau se caractérisaient par une standardisation et une rationalisation moins avancées que celles qui prévalaient dans la production industrielle. L'application des premiers ordinateurs aux tâches de gestion se traduisit immédiatement par la disparition de toute liberté et de toute souplesse dans la mise en œuvre des procédures — en somme, par une prolétarisation brutale de la classe des employés.

Ces mêmes années, avec un retard comique, la littérature européenne se trouva confrontée à un nouvel outil : la *machine à écrire*. Le travail indéfini et multiple sur le manuscrit (avec ses rajouts, ses renvois, ses apostilles) disparut au profit d'une écriture plus linéaire et plus plate ; il y eut de fait alignement sur les normes du roman policier et du journalisme américains (apparition du mythe Underwood — succès d'Hemingway). Cette dégradation de l'image de la littérature entraîna nombre de jeunes dotés d'un tempérament « créatif » à se diriger vers les voies plus gratifiantes du cinéma et de la chanson (voies à terme sans issue ; en effet, l'industrie de divertissement américaine devait peu après entamer son travail de destruction des industries de divertissement locales — travail que nous voyons s'achever aujourd'hui).

L'apparition soudaine du micro-ordinateur, au début des années 80, peut apparaître comme une sorte d'accident historique ; ne correspondant à aucune nécessité économique, elle est en effet inexplicable en dehors de considérations telles que les progrès dans la régulation des courants faibles et la gravure fine du silicium. De manière inattendue, les employés de bureau et cadres moyens se trouvèrent en possession d'un outil puissant, d'utilisation aisée, qui leur permettait de reprendre le contrôle — de fait, sinon de droit — sur les principaux éléments de leur travail. Une lutte sourde, mal connue, se déroula pendant plusieurs années entre les directions informatiques et les utilisateurs « de base », parfois épaulés par des équipes de micro-informaticiens passionnés. Le plus étonnant est que progressivement, prenant conscience du coût et de la faible efficacité de l'informatique lourde, alors que la production en grande série permettait l'apparition de matériels et de logiciels bureautiques fiables et bon marché, les directions générales basculèrent dans le camp de la micro-informatique.

Pour l'écrivain, le micro-ordinateur fut une libération inespérée : on ne retrouvait pas vraiment la souplesse et l'agrément du manuscrit, mais il redevenait possible, quand même, de se livrer à un travail sérieux sur un texte. Ces mêmes années, différents indices donnèrent à penser que la littérature pourrait retrouver une partie de son prestige antérieur — moins d'ailleurs par ses mérites propres que par auto-effacement d'activités rivales. Rock et cinéma, soumis au formidable pouvoir de nivellement de la télévision, perdirent peu à peu de leur magie. Les distinctions antérieures entre films, clips, actualités, publicité, témoignages humains, reportages tendirent à s'effacer au profit d'une notion de spectacle généralisé.

L'apparition des fibres optiques, l'accord industriel sur le protocole TCP-IP permirent dès le début des années 90 l'apparition de réseaux intra, puis interentreprises. Redevenu un simple poste de travail au sein de systèmes client-serveur fiabilisés, le micro-ordinateur perdit toute capacité de traitement autonome. Il y eut de fait renormalisation des procédures au sein de systèmes de traitement de l'information plus mobiles, plus transversaux, plus efficaces.

Omniprésents dans les entreprises, les micro-ordinateurs avaient échoué sur le marché domestique pour des raisons depuis clairement analysées (prix encore élevé, manque d'utilité réelle, difficultés d'utilisation en position allongée). La fin des années 90 vit l'apparition des premiers terminaux passifs d'accès Internet ; dépourvus en eux-mêmes d'intelligence comme de mémoire, donc d'un très faible coût de production unitaire, ils étaient conçus pour permettre l'accès aux gigantesques bases de données constituées par l'industrie américaine du divertissement. Munis d'un dispositif de télépaiement enfin sécurisé (officiellement tout du moins), esthétiques et légers, ils devaient s'imposer rapidement comme un standard, remplaçant à la fois le téléphone portable, le Minitel et la commande à distance des téléviseurs classiques.

De manière inattendue, le livre devait constituer un pôle de résistance vivace. Des tentatives de stockage d'œuvres sur serveur Internet eurent lieu ; leur succès demeura confidentiel, limité aux encyclopédies et ouvrages de référence. Au bout de quelques années, l'industrie dut en convenir : plus pratique, plus attrayant et plus maniable, l'objet livre gardait la faveur du public. Or tout livre, une fois acheté, devenait un instrument de déconnexion redoutable. Dans la chimie intime du cerveau, la littérature avait souvent pu, par le passé, prendre le pas sur l'univers réel ; elle n'avait rien à craindre des univers virtuels. Ce fut le début d'une période paradoxale, qui dure encore de nos jours, où la mondialisation du divertissement et des échanges — dans lesquels le langage articulé tenait une place réduite — allait de pair avec un renforcement des langues vernaculaires et des cultures locales.

L'apparition de la lassitude

Sur le plan politique, l'opposition au libéralisme économique mondialiste avait en fait commencé bien avant ; elle connut son acte fondateur en France dès 1992 avec la campagne pour le Non au référendum de Maastricht. Cette campagne tirait moins sa force de la référence à une identité nationale ou à un patriotisme républicain — tous deux disparus dans les boucheries de Verdun en 1916-1917 — que d'une authentique lassitude générale, d'un sentiment de refus pur et simple. Comme tous les historicismes avant lui, le libéralisme jouait l'intimidation en se présentant comme devenir historique inéluctable. Comme tous les historicismes avant lui, le libéralisme se posait comme assomption et dépassement du *sentiment éthique simple* au nom d'une vision à long terme du *devenir historique de l'humanité*. Comme tous les historicismes avant lui, le libéralisme promettait dans l'immédiat des efforts et des souffrances, reléguant à une ou deux générations de distance l'arrivée du bien général. Un tel mode de raisonnement avait déjà causé suffisamment de dégâts, tout au long du XXe siècle.

La perversion du concept de progrès régulièrement opérée par les historicismes devait malheureusement favoriser l'apparition de *pensées clownesques*, typiques des époques de désarroi. Souvent inspirées par Héraclite ou Nietzsche, bien adaptées aux moyens et hauts revenus, d'une esthétique parfois plaisante, elles semblaient trouver leur confirmation dans la prolifération, chez les couches moins favorisées de la population, de réflexes identitaires multiples, imprévisibles et violents. Certaines avancées dans la théorie mathématique des turbulences induisirent en effet, de plus en plus fréquemment, à représenter l'histoire humaine sous la forme d'un système chaotique dans lequel futurologues et penseurs médiatiques s'ingéniaient à déceler un ou plusieurs *attracteurs étranges*. Dénuée de toute base méthodologique, cette analogie ne devait pas moins gagner du terrain chez les couches instruites ou demi-instruites, empêchant durablement la constitution d'une ontologie neuve.

Le monde comme supermarché et comme dérision

Arthur Schopenhauer ne croyait pas à l'Histoire. Il est donc mort persuadé que la révélation qu'il apportait sur le monde, d'une part existant comme volonté (comme désir, comme élan vital), d'autre part perçu comme représentation (en soi neutre, innocente, purement objective, susceptible comme telle de reconstruction esthétique) survivrait à la succession des générations. Nous pouvons aujourd'hui lui donner partiellement tort. Les concepts qu'il a mis en place peuvent encore se reconnaître dans la trame de nos vies ; mais ils ont subi de telles métamorphoses qu'on peut s'interroger sur la validité qu'il leur reste.

Le mot de « volonté » semble indiquer une tension de longue durée, un effort continu, conscient ou non mais cohérent, vers un but. Certes, les oiseaux construisent encore des nids, les cerfs combattent encore pour la possession des femelles ; et dans le sens de Schopenhauer on peut bien dire que c'est le même cerf qui combat, que c'est la même larve qui fouit, depuis le pénible jour de leur première apparition sur la Terre. Il en va tout autrement pour les hommes. La logique du supermarché induit nécessairement un éparpillement des désirs ; l'homme du supermarché ne peut organiquement être l'homme d'une seule volonté, d'un seul désir. D'où une certaine dépression du vouloir chez l'homme contemporain ; non que les individus désirent moins, ils désirent au contraire de plus en plus ; mais leurs désirs ont acquis quelque chose d'un peu criard et piaillant : sans être de purs simulacres, ils sont pour une large part le produit de déterminations externes — nous dirons *publicitaires* au sens large. Rien en eux n'évoque cette force organique et totale, tournée avec obstination vers son accomplissement, que suggère le mot de « volonté ». D'où un certain manque de personnalité, perceptible chez chacun.

Profondément infectée par le sens, la représentation a perdu toute innocence. On peut désigner comme *innocente* une représentation qui se donne simplement comme telle, qui prétend simplement être l'image d'un monde extérieur (réel ou imaginaire, mais extérieur) ; en d'autres termes : qui n'inclut pas en elle-même son commentaire critique. L'introduction massive dans les représentations de *références*, de dérision, de *second degré*, d'humour a rapidement miné l'activité artistique et philosophique en la transformant en rhétorique généralisée. Tout art, comme toute science, est un moyen de communication entre les hommes. Il est évident que l'efficacité et l'intensité de la communication diminuent et tendent à s'annuler dès l'instant qu'un doute s'installe sur la véracité de ce qui est dit, sur la sincérité de ce qui est exprimé (imagine-t-on, par exemple, une science *au second degré* ?). L'effritement tendanciel de la créativité dans les arts n'est ainsi qu'une autre face de l'impossibilité toute contemporaine de la *conversation*. Tout se passe en effet, dans la conversation courante, comme si l'expression directe d'un sentiment, d'une émotion, d'une idée était devenue impossible, parce que trop vulgaire. Tout doit passer par le filtre déformant de *l'humour*, humour qui finit bien entendu par tourner à vide et par se muer en mutité tragique. Telle est à la fois l'histoire de la célèbre « incommunicabilité » (il est à noter que l'exploitation ressassée de ce thème n'a nullement empêché l'incommunicabilité de s'étendre en pratique, et qu'elle reste plus que jamais d'actualité, même si on est devenu un peu las d'en parler) et la tragique histoire de la peinture au XXe siècle. Le parcours de la peinture parvient ainsi à figurer, plus il est vrai par analogie d'ambiance que par approche directe, le parcours de la communication humaine dans la période contemporaine. Nous glissons dans les deux cas dans une ambiance malsaine, truquée, profondément dérisoire ; et tragique au bout de son dérisoire même. Ainsi le passant moyen traversant une galerie de peinture ne devra-t-il pas s'arrêter trop longtemps, s'il veut conserver son attitude de détachement ironique. Au bout de quelques minutes, il sera malgré lui gagné par un certain désarroi ; il ressentira pour le moins un engourdissement, un malaise ; un inquiétant ralentissement de sa fonction humoristique.

(Le tragique intervient exactement à ce moment où le dérisoire ne parvient plus à être perçu comme *fun* ; c'est une espèce d'inversion psychologique brutale, qui traduit l'apparition chez l'individu d'un irréductible désir d'éternité. La publicité n'évite ce phénomène contraire à son objectif que par un renouvellement incessant de ses simulacres ; mais la peinture garde vocation à créer des objets permanents, et dotés d'un caractère propre ; c'est cette nostalgie d'être qui lui donne son halo douloureux, et qui en fait bon gré mal gré un reflet fidèle de la situation spirituelle de l'homme occidental.)

On notera par contraste la relative bonne santé de la littérature pendant la même période. Ceci est très explicable. La littérature est, profondément, un art conceptuel ; c'est même, à proprement parler, le seul. Les mots sont des concepts ; les clichés sont des concepts. Rien ne peut être affirmé, nié, relativisé, moqué sans le secours des concepts, et des mots. D'où l'étonnante robustesse de l'activité littéraire, qui peut se refuser, s'autodétruire, se décréter impossible sans cesser d'être elle-même. Qui résiste à toutes les mises en abyme, à toutes les déconstructions, à toutes les accumulations de degrés, si subtiles soient-elles ; qui se relève simplement, s'ébroue et se remet sur ses pattes, comme un chien qui sort d'une mare.

Contrairement à la musique, contrairement à la peinture, contrairement aussi au cinéma, la littérature peut ainsi absorber et digérer des quantités illimitées de dérision et d'humour. Les dangers qui la menacent aujourd'hui n'ont rien à voir avec ceux qui ont menacé, parfois détruit les autres arts ; ils tiennent beaucoup plus à l'accélération des perceptions et des sensations qui caractérise la logique de l'hypermarché. Un livre en effet ne peut être apprécié que *lentement* ; il implique une réflexion (non surtout dans le sens d'effort intellectuel, mais dans celui de *retour en arrière*) ; il n'y a pas de lecture sans arrêt, sans mouvement inverse, sans relecture. Chose impossible et même absurde dans un monde où tout évolue, tout fluctue, où rien n'a de validité permanente : ni les règles, ni les choses, ni les êtres. De toutes ses forces (qui furent grandes), la littérature s'oppose à la notion d'actualité permanente, de perpétuel présent. Les livres appellent des lecteurs ; mais ces lecteurs doivent avoir une existence individuelle et stable : ils ne peuvent être de purs consommateurs, de purs fantômes ; ils doivent être aussi, en quelque manière, des *sujets*.

Minés par la lâche hantise du « *politically correct* », éberlués par un flot de pseudo-informations qui leur donnent l'illusion d'une modification permanente des catégories de l'existence (on *ne peut plus* penser ce qui était pensé il y a dix, cent ou mille ans), les Occidentaux contemporains ne parviennent plus à être des lecteurs ; ils ne parviennent plus à satisfaire cette humble demande d'un livre posé devant eux : être simplement des êtres humains, pensant et ressentant par eux-mêmes.

À plus forte raison, ils ne peuvent jouer ce rôle face à un autre être. Il le faudrait, pourtant : car cette dissolution de l'être est une dissolution tragique ; et chacun continue, mû par une nostalgie douloureuse, à demander à l'autre ce qu'il ne peut plus être ; à chercher, comme un fantôme aveuglé, ce poids d'être qu'il ne trouve plus en lui-même. Cette résistance, cette permanence ; cette profondeur. Bien entendu chacun échoue, et la solitude est atroce.

La mort de Dieu en Occident a constitué le prélude d'un formidable feuilleton métaphysique, qui se poursuit jusqu'à nos jours. Tout historien des mentalités serait à même de reconstituer le détail des étapes ; disons pour résumer que le christianisme réussissait ce *coup de maître* de combiner la croyance farouche en l'individu — par rapport aux épîtres de saint Paul, l'ensemble de la culture antique nous paraît aujourd'hui curieusement policé et morne — avec la promesse de la participation éternelle à l'Être absolu. Une fois le rêve évanoui, diverses tentatives furent faites pour promettre à l'individu un minimum d'être ; pour concilier le rêve d'être qu'il portait en lui avec l'omniprésence obsédante du devenir. Toutes ces tentatives, jusqu'à présent, ont échoué, et le malheur a continué à s'étendre.

La publicité constitue la dernière en date de ces tentatives. Bien qu'elle vise à susciter, à provoquer, à *être* le désir, ses méthodes sont au fond assez proches de celles qui caractérisaient l'ancienne morale. Elle met en effet en place un Surmoi terrifiant et dur, beaucoup plus impitoyable qu'aucun impératif ayant jamais existé, qui se colle à la peau de l'individu et lui répète sans cesse : « Tu dois désirer. Tu dois être désirable. Tu dois participer à la compétition, à la lutte, à la vie du monde. Si tu t'arrêtes, tu n'existes plus. Si tu restes en arrière, tu es mort. » Niant toute notion d'éternité, se définissant elle-même comme processus de renouvellement permanent, la publicité vise à vaporiser le sujet pour le transformer en fantôme obéissant du devenir. Et cette participation épidermique, superficielle à la vie du monde, est supposée prendre la place du désir d'être.

La publicité échoue, les dépressions se multiplient, le désarroi s'accentue ; la publicité continue cependant à bâtir les infrastructures de réception de ses messages. Elle continue à perfectionner des moyens de déplacement pour des êtres qui n'ont nulle part où aller, parce qu'ils ne sont nulle part chez eux ; à développer des moyens de communication pour des êtres qui n'ont plus rien à dire ; à faciliter les possibilités d'interaction entre des êtres qui n'ont plus envie d'entrer en relation avec quiconque.

La poésie du mouvement arrêté

En mai 1968, j'avais dix ans. Je jouais aux billes, je lisais *Pif le Chien* ; la belle vie. Des « événements de 68 » je ne garde qu'un seul souvenir, cependant assez vif. Mon cousin Jean-Pierre était à l'époque en première au lycée du Raincy. Le lycée m'apparaissait alors (l'expérience que j'en eus par la suite devait d'ailleurs confirmer cette première intuition, tout en y ajoutant une pénible dimension sexuelle) comme un endroit vaste et effrayant où des garçons plus âgés étudiaient avec acharnement des matières difficiles afin d'assurer leur avenir professionnel. Un vendredi, je ne sais pourquoi, je me rendis avec ma tante pour attendre mon cousin à la sortie de ses cours. Ce même jour, le lycée du Raincy s'était mis en grève illimitée. La cour, que je m'attendais à voir remplie de centaines d'adolescents affairés, était déserte. Quelques professeurs traînaient, sans but, entre les poteaux de hand-ball. Je me souviens, pendant que ma tante cherchait à rassembler des bribes d'information, d'avoir marché de longues minutes dans cette cour. La paix était totale, le silence absolu. C'était un moment merveilleux.

En décembre 1986, je me trouvais en gare d'Avignon, et le temps était doux. À la suite de complications sentimentales dont la narration serait fastidieuse, je devais impérativement — du moins le pensais-je — reprendre le TGV pour Paris. J'ignorais qu'un mouvement de grève venait de se déclencher sur l'ensemble du réseau SNCF. Ainsi, la succession opérationnelle de l'échange sexuel, de l'aventure et de la lassitude se trouva d'un seul coup brisée. J'ai passé deux heures, assis sur un banc, face au paysage ferroviaire déserté. Des voitures de TGV étaient immobilisées sur les voies de garage. On aurait pu croire qu'elles étaient là depuis des années, qu'elles n'avaient même jamais roulé. Elles étaient simplement là, immobiles. Des informations se chuchotaient à voix basse parmi les voyageurs ; l'ambiance était à la résignation, à l'incertitude. Ç'aurait pu être la guerre, ou la fin du monde occidental.

Certains témoins plus directs des « événements de 68 » m'ont raconté par la suite qu'il s'agissait d'une période merveilleuse, où les gens se parlaient dans la rue, où tout paraissait possible ; je veux bien le croire. D'autres font simplement observer que les trains ne roulaient plus, qu'on ne trouvait plus d'essence ; je l'admets sans difficulté. Je trouve à tous ces témoignages un trait commun : magiquement, pendant quelques jours, une machine gigantesque et oppressante s'est arrêtée de tourner. Il y a eu un flottement, une incertitude ; une suspension s'est produite, un certain calme s'est répandu dans le pays. Naturellement, ensuite, la machine sociale a recommencé à tourner de manière encore plus rapide, encore plus impitoyable (et Mai 68 n'a servi qu'à briser les quelques règles morales qui entravaient jusqu'alors la voracité de son fonctionnement). Il n'empêche qu'il y a eu un instant d'arrêt, d'hésitation ; un instant d'incertitude métaphysique.

C'est sans doute pour les mêmes raisons qu'une fois le premier mouvement de contrariété surmonté, la réaction du public face à un arrêt subit des réseaux de transmission de l'information est loin d'être absolument négative. On peut observer le phénomène à chaque fois qu'un système de réservation informatique tombe en panne (c'est assez courant) : une fois donc l'inconvénient admis, et surtout dès que les employés se décident à utiliser leur téléphone, c'est plutôt une joie secrète qui se manifeste chez les usagers ; comme si le destin leur donnait l'occasion de prendre une revanche sournoise sur la technologie. De la même manière, pour réaliser ce que le public pense au fond de l'architecture dans laquelle on le fait vivre, il suffit d'observer ses réactions lorsqu'on se décide à faire sauter une de ces barres d'habitation construites en banlieue dans les années 60 : c'est un moment de joie très pure et très violente, analogue à l'ivresse d'une libération inespérée. L'esprit qui habite ces lieux est mauvais, inhumain, hostile ; c'est celui d'un engrenage épuisant, cruel, constamment accéléré ; chacun au fond le sent, et souhaite sa destruction.

La littérature s'arrange de tout, s'accommode de tout, fouille parmi les ordures, lèche les plaies du malheur. Une poésie paradoxale, de l'angoisse et de l'oppression, a donc pu naître au milieu des hypermarchés et des immeubles de bureaux. Cette poésie n'est pas gaie ; elle ne peut pas l'être. La poésie moderne n'a pas plus vocation à bâtir une hypothétique « maison de l'être » que l'architecture moderne n'a vocation à bâtir des lieux habitables ; ce serait une tâche bien différente de celle qui consiste à multiplier les infrastructures de circulation et de traitement de l'information. Produit résiduel de l'impermanence, l'information s'oppose à la signification comme le plasma au cristal ; une société ayant atteint un palier de surchauffe n'implose pas nécessairement, mais elle s'avère incapable de produire une signification, toute son énergie étant monopolisée par la description informative de ses variations aléatoires. Chaque individu est cependant en mesure de produire en lui-même une sorte de *révolution froide*, en se plaçant pour un instant en dehors du flux informatif-publicitaire. C'est très facile à faire ; il n'a même jamais été aussi simple qu'aujourd'hui de se placer, par rapport au monde, dans une *position esthétique* : il suffit de faire un pas de côté. Et ce pas lui-même, en dernière instance, est inutile. Il suffit de marquer un temps d'arrêt ; d'éteindre la radio, de débrancher la télévision ; de ne plus rien acheter, de ne plus rien désirer acheter. Il suffit de ne plus participer, de ne plus savoir ; de suspendre temporairement toute activité mentale. Il suffit, littéralement, de s'immobiliser pendant quelques secondes.

Cieux vides

Dans le film qu'il projetait de tourner sur la vie de saint Paul, Pasolini avait l'intention de transposer la mission de l'apôtre au cœur du monde contemporain ; d'imaginer la forme qu'elle pourrait prendre au milieu de la modernité marchande ; ceci, sans changer le texte des épîtres. Mais il avait l'intention de remplacer Rome par New York, et il en donne une raison immédiate : comme Rome à l'époque, New York est aujourd'hui le centre du monde, le siège des pouvoirs qui dominent le monde (dans le même esprit il propose de remplacer Athènes par Paris, et Antioche par Londres). Après quelques heures de séjour à New York je m'aperçois qu'il y a probablement une autre raison, plus secrète, que seul le film aurait pu révéler. A New York comme à Rome, malgré le dynamisme apparent, on ressent une curieuse ambiance de décrépitude, de mort, de fin du monde. Je sais bien que « la ville est bouillonnante, c'est un creuset, il y circule une énergie folle », etc. Etrangement, pourtant, j'avais plutôt envie de rester dans ma chambre d'hôtel ; de regarder les mouettes survolant en travers les installations portuaires abandonnées des rives de l'Hudson. La pluie tombait doucement sur des entrepôts en brique ; c'était très apaisant. Je m'imaginais très bien restant cloîtré dans un immense appartement, sous un ciel d'un brun sale, alors qu'à l'horizon les derniers rougeoiements de combats sporadiques s'étendraient peu à peu. Plus tard je pourrais sortir, marcher dans des rues définitivement désertes. Un peu comme les strates végétales se superposent dans un sous-bois touffu, les hauteurs et les styles se côtoient à New York dans un fouillis imprévisible. Plus que dans une rue on a parfois l'impression de marcher dans un canyon, entre des forteresses rocheuses. Un peu comme à Prague (mais en plus limité ; les buildings new-yorkais ne recouvrent quand même qu'un siècle d'architecture), on a parfois l'impression de circuler dans un organisme, soumis à des lois de croissance naturelle. (A l'opposé, les colonnes de Buren, dans les jardins du Palais-Royal, restent figées dans une opposition bébête avec leur environnement architectural ; on sent nettement la présence d'une volonté humaine, et même d'une volonté humaine assez mesquine, de l'ordre du gag.) Il est possible que l'architecture humaine n'atteigne sa plus grande beauté que lorsque, par bouillonnement et juxtaposition, elle commence à évoquer une formation naturelle ; de même que la nature n'atteint sa plus grande beauté que lorsque, par jeux de lumière et abstraction de ses formes, elle laisse planer le soupçon d'une origine *volontaire*.

Le regard perdu

éloge du cinéma muet

Cet article est paru dans le numéro 32 (mai 1993)
des *Lettres françaises*.

L'être humain parle ; parfois, il ne parle pas. Menacé il se contracte, ses regards fouillent rapidement l'espace ; désespéré il se replie, s'enroule sur un centre d'angoisse. Heureux, sa respiration se ralentit ; il existe sur un rythme plus ample. Il a existé dans l'histoire du monde deux arts (la peinture, la sculpture) qui ont tenté de synthétiser l'expérience humaine au moyen de représentations figées ; de mouvements arrêtés. Ils ont parfois choisi d'arrêter le mouvement à son point d'équilibre, de plus grande douceur (à son point d'éternité) : toutes les Vierges à l'Enfant. Ils ont parfois choisi de figer l'action à son point de plus grande tension, d'expressivité la plus intense — le baroque, bien sûr ; mais, aussi, tant de tableaux de Friedrich évoquent une explosion gelée. Ils se sont développés pendant plusieurs millénaires ; ils ont eu la possibilité de produire des œuvres achevées dans le sens de leur ambition la plus secrète : arrêter le temps.

Il a existé dans l'histoire du monde un art dont l'objet était l'étude du mouvement. Cet art a pu se développer pendant une trentaine d'années. Entre 1925 et 1930 il a produit quelques plans, dans quelques films (je pense surtout à Murnau, Eisenstein, Dreyer) qui justifiaient son existence en tant qu'art ; puis il a disparu, apparemment à tout jamais.

Les choucas émettent des signes d'alerte et de reconnaissance mutuelle ; on a pu dénombrer plus de soixante signes. Les choucas restent une exception : pris dans son ensemble, le monde fonctionne dans un silence terrible ; il exprime son essence par la forme et le mouvement. Le vent court dans les herbes (Eisenstein) ; une larme coule le long d'un visage (Dreyer). Le cinéma muet voyait s'ouvrir devant lui un espace immense : il n'était pas seulement une enquête sur les sentiments humains ; pas seulement une enquête sur les mouvements du monde ; son ambition la plus profonde était de constituer une enquête sur les conditions de la perception. La distinction entre fond et figure constitue la base de nos représentations ; mais aussi, plus mystérieusement, entre la figure et le mouvement, entre la forme et son processus d'engendrement, notre esprit cherche sa voie dans le monde — d'où cette sensation quasi hypnotique qui nous envahit devant une forme fixe engendrée par un mouvement perpétuel, telles les ondulations stationnaires à la surface d'une mare.

Qu'en est-il resté après 1930 ? Quelques traces, surtout dans les œuvres des cinéastes qui ont commencé à travailler au temps du muet (la mort de Kurosawa sera plus que la mort d'un homme) ; quelques instants dans des films expérimentaux, des documentaires scientifiques, voire des productions de série (*Australia*, sorti voici quelques années, en est un exemple). Ces instants sont faciles à reconnaître : toute parole y est impossible ; la musique elle-même y acquiert quelque chose d'un peu kitsch, un peu lourd, un peu vulgaire. Nous devenons pure perception ; le monde apparaît dans son immanence. Nous sommes très heureux, d'un bonheur bizarre. Tomber amoureux peut également produire ce genre d'effets.

Jacques Prévert est un con

Cet article est paru dans le numéro 22 (juillet 1992)
des *Lettres françaises*.

Jacques Prévert est quelqu'un dont on apprend des poèmes à l'école. Il en ressort qu'il aimait les fleurs, les oiseaux, les quartiers du vieux Paris, etc. L'amour lui paraissait s'épanouir dans une ambiance de liberté ; plus généralement, il était *plutôt pour* la liberté. Il portait une casquette et fumait des Gauloises ; on le confond parfois avec Jean Gabin ; d'ailleurs c'est lui qui a écrit le scénario de *Quai des brumes*, des *Portes de la nuit*, etc. Il a aussi écrit le scénario des *Enfants du paradis*, considéré comme son chef-d'œuvre. Tout cela fait beaucoup de bonnes raisons pour détester Jacques Prévert ; surtout si on lit les scénarios jamais tournés qu'Antonin Artaud écrivait à la même époque. Il est affligeant de constater que ce répugnant *réalisme poétique*, dont Prévert fut l'artisan principal, continue à faire des ravages, et qu'on pense faire un compliment à Leos Carax en l'y rattachant (de la même manière Rohmer serait sans doute un nouveau Guitry, etc.). Le cinéma français ne s'est en fait jamais relevé de l'avènement du parlant ; il finira par en crever, et ce n'est pas plus mal.

Après la guerre, à peu près à la même époque que Jean-Paul Sartre, Jacques Prévert a eu un succès énorme ; on est malgré soi frappé par l'optimisme de cette génération. Aujourd'hui, le penseur le plus influent, ce serait plutôt Cioran. À l'époque on écoutait Vian, Brassens... Amoureux qui se bécotent sur les bancs publics, baby-boom, construction massive de HLM pour loger tout ce monde-là. Beaucoup d'optimisme, de foi en l'avenir, et un peu de connerie. À l'évidence, nous sommes devenus beaucoup plus intelligents.

Avec les intellectuels, Prévert a eu moins de chance. Ses poèmes regorgent pourtant de ces jeux de mots stupides qui plaisent tellement chez Bobby Lapointe ; mais il est vrai que la chanson est comme on dit un *genre mineur*, et que l'intellectuel, lui aussi, doit se détendre. Quand on aborde le texte écrit, son vrai gagne-pain, il devient impitoyable. Et le « travail du texte », chez Prévert, reste embryonnaire : il écrit avec limpidité et un vrai naturel, parfois même avec émotion ; il ne s'intéresse ni à l'écriture, ni à l'impossibilité d'écrire ; sa grande source d'inspiration, ce serait plutôt la vie. Il a donc, pour l'essentiel, échappé aux thèses de troisième cycle. Aujourd'hui cependant il rentre à la Pléiade, ce qui constitue une seconde mort. Son œuvre est là, complète et figée. C'est une excellente occasion de s'interroger : pourquoi la poésie de Jacques Prévert est-elle si médiocre, à tel point qu'on éprouve parfois une sorte de honte à la lire ? L'explication classique (parce que son écriture « manque de rigueur ») est tout à fait fausse ; à travers ses jeux de mots, son rythme léger et limpide, Prévert exprime en réalité parfaitement sa conception du monde. La forme est cohérente avec le fond, ce qui est bien le maximum qu'on puisse exiger d'une forme. D'ailleurs quand un poète s'immerge à ce point dans la vie, dans la vie réelle de son époque, ce serait lui faire injure que de le juger suivant des critères purement stylistiques. Si Prévert écrit, c'est qu'il a quelque chose à dire ; c'est tout à son honneur. Malheureusement, ce qu'il a à dire est d'une stupidité sans bornes ; on en a parfois la nausée. Il y a de jolies filles nues, des bourgeois qui saignent comme des cochons quand on les égorge. Les enfants sont d'une immoralité sympathique, les voyous sont séduisants et virils, les jolies filles nues donnent leur corps aux voyous ; les bourgeois sont vieux, obèses, impuissants, décorés de la Légion d'honneur et leurs femmes sont frigides ; les curés sont de répugnantes vieilles chenilles qui ont inventé le péché pour nous empêcher de vivre. On connaît tout cela ; on peut préférer Baudelaire. Ou même Karl Marx, qui, au moins, ne se trompe pas de cible lorsqu'il écrit que « le triomphe de la bourgeoisie a noyé les frissons sacrés de l'extase religieuse, de l'enthousiasme chevaleresque et de la sentimentalité à quatre sous dans les eaux glacées du calcul égoïste[1] ». L'intelligence n'aide en rien à écrire de bons poèmes ; elle peut cependant éviter d'en écrire de mauvais. Si Jacques Prévert est un mauvais poète c'est avant tout parce que sa vision du monde est plate, superficielle et fausse. Elle était déjà fausse de son temps ; aujourd'hui sa nullité apparaît avec éclat, à tel point que l'œuvre entière semble le développement d'un gigantesque cliché. Sur le plan philosophique et politique, Jacques Prévert est avant tout un libertaire ; c'est-à-dire, fondamentalement, un imbécile.

Les « eaux glacées du calcul égoïste », nous y barbotons maintenant depuis notre plus tendre enfance. On peut s'en accommoder, essayer d'y survivre ; on peut aussi se laisser couler. Mais ce qu'il est impossible d'imaginer, c'est que la libération des puissances du désir soit à elle seule susceptible d'amener un réchauffement. L'anecdote veut que ce soit Robespierre qui ait insisté pour ajouter le mot « fraternité » à la devise de la République ; nous sommes aujourd'hui en mesure d'apprécier pleinement cette anecdote. Prévert se voyait certainement comme un partisan de la fraternité ; mais Robespierre n'était pas, loin de là, un adversaire de la vertu.

1. *La Lutte des classes en France.*

La fête

Le but de la fête est de nous faire oublier que nous sommes solitaires, misérables et promis à la mort. Autrement dit, de nous transformer en animaux. C'est pourquoi le primitif a un sens de la fête très développé. Une bonne flambée de plantes hallucinogènes, trois tambourins, et le tour est joué : un rien l'amuse. A l'opposé, l'Occidental moyen n'aboutit à une extase insuffisante qu'à l'issue de *raves* interminables dont il ressort sourd et drogué : **il n'a pas du tout le sens de la fête**. Profondément conscient de lui-même, radicalement étranger aux autres, terrorisé par l'idée de la mort, il est bien incapable d'accéder à une quelconque fusion. Cependant, il s'obstine. La perte de sa condition animale l'attriste, il en conçoit honte et dépit ; il aimerait être un fêtard, ou du moins passer pour tel. Il est dans une sale situation.

QU'EST-CE QUE JE FOUS AVEC CES CONS ?

« Lorsque deux d'entre vous seront réunis en mon nom, je serai au milieu d'eux » (Matthieu, 17, 13). C'est bien là tout le problème : réunis au nom de quoi ? Qu'est-ce qui pourrait bien, au fond, justifier d'être réunis ?

Réunis pour s'amuser. C'est la pire des hypothèses. Dans ce genre de circonstances (boîtes de nuit, bals populaires, boums) qui n'ont visiblement rien d'amusant, une seule solution : draguer. On sort alors du registre de la fête pour rentrer dans celui d'une féroce compétition narcissique, avec ou sans *option pénétration* (on considère classiquement que l'homme a besoin de la pénétration pour obtenir la gratification narcissique souhaitée ; il ressent alors quelque chose d'analogue au claquement de la partie gratuite sur les anciens flippers. La femme, le plus souvent, se contente de la certitude qu'on désire la pénétrer). Si ce genre de jeux vous dégoûte, ou que vous ne vous sentez pas en mesure d'y faire bonne figure, une seule solution : partir au plus vite.

Réunis pour lutter (manifestations étudiantes, rassemblements écologistes, talk-shows sur la banlieue). L'idée, a priori, est ingénieuse : en effet, le joyeux ciment d'une cause commune peut provoquer un effet de groupe, un sentiment d'appartenance, voire une authentique ivresse collective. Malheureusement, la psychologie des foules suit des lois invariables : on aboutit toujours à une domination des éléments les plus stupides et les plus agressifs. On se retrouve donc au milieu d'une bande de braillards bruyants, voire dangereux. Le choix est donc le même que dans la boîte de nuit : partir avant que ça cogne, ou draguer (dans un contexte ici plus favorable : la présence de convictions communes, les sentiments divers provoqués par le déroulement de la protestation ont pu légèrement ébranler la carapace narcissique).

Réunis pour baiser (boîtes à partouzes, orgies privées, certains groupes *New Age*). Une des formules les plus simples et les plus anciennes : réunir l'humanité sur ce qu'elle a, en effet, de plus commun. Des actes sexuels ont lieu, même si le plaisir n'est pas toujours au rendez-vous. C'est déjà ça ; mais c'est à peu près tout.

Réunis pour célébrer (messes, pèlerinages). La religion propose une formule tout à fait originale : nier audacieusement la séparation et la mort en affirmant que, contrairement aux apparences, nous baignons dans l'amour divin tout en nous dirigeant vers une éternité bienheureuse. Une cérémonie religieuse dont les participants auraient la foi offrirait donc l'exemple unique d'une **fête réussie**. Certains participants agnostiques peuvent même, durant le temps de la cérémonie, se sentir gagnés par un sentiment de croyance ; mais ils risquent ensuite une descente pénible (un peu comme pour le sexe, mais pire). Une solution : être touché par la grâce.

Le pèlerinage, combinant les avantages de la manifestation étudiante et ceux du voyage Nouvelles Frontières, le tout dans une ambiance de spiritualité aggravée par la fatigue, offre en outre des conditions idéales pour la drague, qui en devient presque involontaire, voire sincère. Hypothèse haute en sortie de pèlerinage : mariage + conversion. A l'opposé, la descente peut être terrible. Prévoir d'enchaîner sur un séjour UCPA « sports de glisse », qu'il sera toujours temps d'annuler (renseignez-vous au préalable sur les conditions d'annulation).

LA FÊTE SANS LARMES.

En réalité, il suffit d'avoir prévu de s'amuser pour être certain de s'emmerder. L'idéal serait donc de renoncer totalement aux fêtes. Malheureusement, le fêtard est un personnage si respecté que cette renonciation entraîne une dégradation forte de l'image sociale. Les quelques conseils suivants devraient permettre d'éviter le pire (rester seul jusqu'au bout, dans un état d'ennui évoluant vers le désespoir, avec l'impression erronée que les autres s'amusent).

- Bien prendre conscience au préalable que la fête sera forcément ratée. Visualiser des exemples d'échecs antérieurs. Il ne s'agit pas pour autant d'adopter une attitude cynique et blasée. Au contraire, l'acceptation humble et souriante du désastre commun permet d'aboutir à ce succès : transformer une fête ratée en un moment d'agréable banalité.
- Toujours prévoir qu'on rentrera seul, et en taxi.
- Avant la fête : boire. L'alcool à doses modérées produit un effet sociabilisant et euphorisant qui reste sans réelle concurrence.
- Pendant la fête : boire, mais diminuer les doses (le cocktail alcool + érotisme ambiant conduit rapidement à la violence, au suicide et au meurtre). Il est plus ingénieux de prendre 1/2 Lexomil au moment opportun. L'alcool multipliant l'effet des tranquillisants, on observera un assoupissement rapide : c'est le moment d'appeler un taxi. Une bonne fête est une fête brève.
- Après la fête : téléphoner pour remercier. Attendre paisiblement la fête suivante (respecter un intervalle d'un mois, qui pourra descendre à une semaine en période de vacances).

Enfin, une perspective consolante : l'âge aidant, l'obligation de fête diminue, le penchant à la solitude augmente ; la vie réelle reprend le dessus.

Temps morts

Ces chroniques sont parues dans les numéros 90 à 97
des *Inrockuptibles* (février-mars 1997).
Les titres sont de Sylvain Bourmeau.

QUE VIENS-TU CHERCHER ICI ?

« Après le succès phénoménal de la première édition », le deuxième salon de la vidéo *hot* se tient au parc des expositions de la porte Champerret. J'ai à peine le temps de déboucher sur l'esplanade qu'une jeune femme dont j'ai tout oublié me remet un tract. J'essaie de lui parler, mais elle a déjà rejoint un petit groupe de militants qui battent la semelle pour se réchauffer, chacun un paquet de tracts à la main. Une question barre la feuille qu'elle m'a remise : « Que viens-tu chercher ici ? » Je m'approche de l'entrée ; le parc des expositions est en sous-sol. Deux escalators ronronnent faiblement au milieu d'un espace immense. Des hommes entrent, seuls ou par petits groupes. Plutôt qu'à un temple souterrain de la luxure, l'endroit fait vaguement penser à un Darty. Je descends quelques marches, puis je ramasse un catalogue abandonné. Il émane de Cargo VPC, société de vente par correspondance spécialisée dans la vidéo X. Oui, qu'est-ce que je fais ici ?

De retour dans le métro, j'entame la lecture du tract. Sous le titre : « La pornographie, ça te pourrit la tête », il développe l'argumentation suivante. Chez tous les délinquants sexuels, violeurs, pédophiles, etc., on a retrouvé de nombreuses cassettes pornographiques. La vision répétée de cassettes pornographiques provoquerait « selon tous les travaux » un brouillage des frontières entre le fantasme et la réalité, facilitant le passage à l'acte, en même temps qu'elle ôterait tout agrément aux « pratiques sexuelles conventionnelles ».

« Qu'est-ce que vous en pensez ? », j'entends la question avant de voir mon interlocuteur. Jeune, cheveux courts, l'air intelligent et un peu anxieux, il se tient devant moi. Le métro arrive, ce qui me laisse le temps de me remettre de ma surprise. Pendant des années j'ai marché dans les rues en me demandant si le jour viendrait où quelqu'un m'adresserait la parole — pour autre chose que pour me demander de l'argent. Eh bien voilà, ce jour est venu. Il a fallu pour cela le deuxième salon de la vidéo *hot*.

Contrairement à ce que je pensais, ce n'est pas un militant anti-pornographie. En fait, il revient du salon. Il est entré. Et ce qu'il a vu l'a mis plutôt mal à l'aise. « Que des hommes... il y avait quelque chose de violent dans leur regard. » J'objecte que le désir donne souvent aux traits un masque tendu, violent, oui. Mais non, il sait cela, il ne veut pas parler de la violence du désir, mais d'une *violence réellement violente*. « Je me suis trouvé au milieu de groupes d'hommes... (le souvenir semble l'oppresser légèrement), beaucoup de cassettes de viols, de séances de torture... ils étaient excités, leur regard, l'atmosphère... C'était... » J'écoute, j'attends. « J'ai l'impression que ça va tourner mal », conclut-il brutalement avant de descendre à la station Opéra.

Nettement plus tard, chez moi, je retrouve le catalogue de Cargo VPC. Le scénario de *Sodos d'ados* nous promet « des saucisses de Francfort dans le petit trou, des raviolis plein le sexe, de la baise dans la sauce tomate ». Celui de *Frères Éjac n° 6* met en scène « Rocco le laboureur de culs : blondes rasées, brunes humides, Rocco transforme les rectums en volcan pour y cracher sa lave bouillante ». Enfin, le résumé de *Salopes violées n° 2* mérite d'être cité intégralement : « Cinq superbes salopes se font agresser, sodomiser, violenter par des sadiques. Elles auront beau se débattre et sortir leurs griffes, elles finiront rouées de coups, transformées en vide-couilles humains. » Il y en a soixante pages dans ce style. J'avoue que je ne m'attendais pas à cela. Pour la première fois de ma vie, je commence à éprouver une vague sympathie pour les féministes américaines. Depuis quelques années j'avais bien entendu parler de l'apparition d'une mode *trash*, que je mettais bêtement sur le compte de l'exploitation d'un nouveau segment de marché. Niaiserie économiste, m'expose dès le lendemain mon amie Angèle, auteur d'une thèse de doctorat sur le comportement mimétique chez les reptiles. Le phénomène est beaucoup plus profond. « Pour se réaffirmer dans sa puissance virile, attaque-t-elle d'un ton enjoué, l'homme ne se satisfait plus de la simple pénétration. Il se sent en effet constamment évalué, jugé, comparé aux autres mâles. Pour chasser ce malaise, pour parvenir à éprouver du plaisir, il a maintenant besoin de frapper, d'humilier, d'avilir sa partenaire ; de la sentir complètement à sa merci. Ce phénomène, conclut-elle avec le sourire, commence d'ailleurs à s'observer également chez les femmes. »

« Donc, nous sommes foutus », dis-je après un temps. Eh bien, selon elle, oui. Vraisemblablement, oui.

L'ALLEMAND

Voici comment se déroule la vie de l'Allemand. Pendant sa jeunesse, pendant son âge mûr, l'Allemand *travaille* (généralement en Allemagne). Il est parfois au chômage, mais moins souvent que le Français. Les années passant, quoi qu'il en soit, l'Allemand atteint l'âge de la retraite ; il a dorénavant le choix de son lieu de résidence. S'installe-t-il alors dans une fermette en Souabe ? Dans une maison de la banlieue résidentielle de Munich ? Parfois, mais en réalité de moins en moins. Une profonde mutation s'opère en l'Allemand âgé de cinquante-cinq à soixante ans. Comme la cigogne en hiver, comme le hippie d'âges plus anciens, comme l'Israélien adepte du *Goa trance*, l'Allemand sexagénaire *part vers le Sud*. On le retrouve en Espagne, souvent sur la côte entre Carthagène et Valence. Certains spécimens — d'un milieu socioculturel en général plus aisé — ont été signalés aux Canaries ou à Madère.

Cette mutation profonde, existentielle, définitive, surprend peu l'entourage ; elle a été préparée par de multiples séjours de vacances, rendue presque inévitable par l'achat d'un appartement. Ainsi l'Allemand vit, il profite de ses dernières belles années. Ce phénomène m'a été pour la première fois révélé en novembre 1992. Circulant en voiture un peu au nord d'Alicante, j'eus l'étrange idée de m'arrêter dans une mini-ville, qu'on pourrait par analogie qualifier de village ; la mer était extrêmement proche. Ce village ne portait pas de nom ; probablement n'avait-on pas eu le temps — aucune maison, visiblement, n'était antérieure à 1980. Il était environ dix-sept heures. Marchant par les rues désertes, j'ai d'abord constaté un curieux phénomène : les enseignes des magasins et des cafés, les menus des restaurants, tout était rédigé en langue allemande. J'ai acheté quelques provisions, puis j'ai constaté que l'endroit commençait à s'animer. Une population de plus en plus dense se pressait dans les rues, dans les places, sur le front de mer ; elle semblait animée d'un vif appétit de consommation. Des ménagères sortaient des résidences. Des moustachus se saluaient avec chaleur, et semblaient mettre au point les détails d'une soirée. L'homogénéité de cette population, d'abord frappante, devint peu à peu obsédante, et je dus vers dix-neuf heures me rendre à l'évidence : LA VILLE ÉTAIT ENTIÈREMENT PEUPLÉE DE RETRAITÉS ALLEMANDS.

Structurellement, la vie de l'Allemand évoque donc d'assez près la vie du travailleur immigré. Soit un pays A, et un pays B. Le pays A est conçu comme un pays de travail ; tout y est fonctionnel, ennuyeux et précis. Quant au pays B, on y passe son temps de loisir ; ses vacances, sa retraite. On regrette d'en partir, on aspire à y retourner. C'est dans le pays B qu'on noue de véritables amitiés, des amitiés profondes ; c'est dans le pays B qu'on fait l'acquisition d'une résidence, résidence qu'on souhaite léguer à ses enfants. Le pays B est généralement situé plus au Sud.

Peut-on en conclure que l'Allemagne est devenue une région du monde où l'Allemand n'a plus envie de vivre, et dont il s'échappe dès que possible ? Je crois qu'on peut le conclure. Son opinion sur son pays natal rejoint donc celle du Turc. Il n'y a aucune réelle différence ; il demeure, cependant, quelques ajustements de détail.

En général l'Allemand est doté d'une *famille*, composée d'un à deux enfants. Comme leurs parents à leur âge, ces enfants *travaillent*. Voici pour notre retraité l'occasion d'une micro-migration — très saisonnière, puisqu'elle se déroule pendant la période des fêtes, soit entre Noël et le jour de l'an. (*ATTENTION : le phénomène décrit par la suite n'est pas observable pour le travailleur immigré proprement dit ; les détails m'en ont été communiqués par Bertrand, serveur à la brasserie* Le Méditerranée, *à Narbonne.*)

La route est longue entre Carthagène et Wuppertal, même à bord d'une puissante voiture. Le soir venu, il n'est donc pas rare que l'Allemand ressente la nécessité d'une étape ; la région Languedoc-Roussillon, dotée de possibilités hôtelières modernes, offre une option satisfaisante. À ce stade, le plus dur est fait — le réseau autoroutier français reste, quoi qu'on en dise, supérieur au réseau espagnol. Gagné par une légère détente après le repas (huîtres de Bouzigues, supions à la provençale, petite bouillabaisse pour deux personnes en saison), l'Allemand s'épanche. Il parle alors de sa fille, qui travaille dans une galerie d'art à Düsseldorf ; de son gendre informaticien ; des problèmes de leur couple, et des solutions possibles. Il parle.

« *Wer reitet so spät durch Nacht und Wind ?*
Es ist der Vater mit seinem Kind. »

Ce que dit l'Allemand, à cette heure et à ce stade, n'a plus beaucoup d'importance. Il se trouve de toute façon dans un pays intermédiaire, et peut laisser libre cours à ses pensées profondes ; et des pensées profondes, il en a.

Plus tard, il dort ; c'est probablement ce qu'il a de mieux à faire.

C'était notre rubrique : « La parité franc-mark, le modèle économique allemand ». Bonne nuit à tous.

L'ABAISSEMENT DE L'ÂGE DE LA RETRAITE

Jadis, nous étions animateurs de villages de vacances ; nous étions payés pour amuser les gens, pour essayer d'amuser les gens. Plus tard, mariés (le plus souvent divorcés), nous sommes retournés en village de vacances, en tant que clients cette fois. Des jeunes, d'autres jeunes ont tenté de nous amuser. Pour notre part, nous avons tenté d'établir des relations sexuelles avec certains membres du village de vacances (parfois d'ex-animateurs, parfois non). Nous avons parfois réussi ; le plus souvent nous avons échoué. Nous ne nous sommes pas beaucoup amusés. Aujourd'hui, conclut l'ex-animateur de village de vacances, il n'y a vraiment plus aucun sens à donner à notre vie.

Construit en 1995, le *Holiday Inn Resort* de Safaga, sur les côtes de la mer Rouge, offre 327 chambres et 6 suites spacieuses et agréables. Parmi les équipements on peut citer le hall d'accueil, le *coffee-shop*, le restaurant, le restaurant de plage, la discothèque et la terrasse d'animation. L'arcade commerciale comporte différentes boutiques, banque, coiffeur. L'animation est assurée par une sympathique équipe franco-italienne (soirées dansantes, jeux divers). En résumé, et pour reprendre l'expression du voyagiste, on a affaire à une « très belle unité ».

L'abaissement de l'âge de la retraite à cinquante-cinq ans, reprit l'ex-animateur de villages de vacances, serait une mesure favorablement accueillie par les professionnels du tourisme. Il est difficile de rentabiliser une structure de cette taille sur la base d'une saison courte et discontinue, essentiellement limitée à la période estivale — dans une moindre mesure aux vacances d'hiver. La solution passe évidemment par la constitution de charters de retraités jeunes, bénéficiant de tarifs préférentiels, qui permettraient d'harmoniser les flux. Après la disparition du conjoint, le retraité se retrouve un peu dans la situation de l'enfant : il voyage en groupe, il doit se faire des camarades. Mais alors que les garçons jouent entre garçons, que les filles bavardent entre filles, les retraités se retrouvent volontiers sans distinction de sexe. De fait on constate qu'ils multiplient les allusions et les sous-entendus à caractère sexuel ; leur lubricité verbale est proprement stupéfiante. Si pénible qu'elle puisse être sur le moment, force est de constater que la sexualité semble être une chose qu'on regrette par la suite, un thème sur lequel on aime à broder des variations nostalgiques. Ainsi des amitiés se nouent, à deux ou à trois. C'est ensemble qu'on découvre les taux de change, qu'on programme une excursion en 4 x 4. Un peu tassés, les cheveux courts, les retraités ressemblent à des gnomes — grincheux ou gentils, suivant leur personnalité propre. Leur robustesse est souvent étonnante, conclut l'ex-animateur.

« Moi je dis à chacun sa religion, et toutes les religions sont respectables » intervint sans réel à-propos le responsable du réveil musculaire. Vexé par cette interruption, l'ex-animateur se réfugia dans un silence peiné. Âgé de cinquante-deux ans, il était en cette fin janvier l'un des plus jeunes clients. Du reste il n'était pas en retraite mais en pré-retraite, ou en convention de conversion, quelque chose dans ce genre. Faisant état auprès de tous de sa qualité d'ex-professionnel du tourisme, il avait su se créer un personnage auprès de l'équipe d'animation. « J'ai fait l'ouverture du premier Club Med au Sénégal », aimait-il à rappeler. Puis il chantonnait, esquissant un pas de danse : « J'vais aller m'éclater au Sééé-né-gal / Avec une copiii-ne de cheval. » Enfin, c'était un type très chouette. Je ne fus cependant nullement surpris quand le lendemain matin on retrouva son cadavre, flottant entre deux eaux dans la piscine-lagon.

CALAIS, PAS-DE-CALAIS

Puisque je vois que tout le monde est réveillé[1], j'en profite pour signaler une petite pétition, à mon avis insuffisamment médiatisée : celle lancée par Robert Hue et Jean-Pierre Chevènement pour demander la tenue d'un référendum sur la monnaie unique. C'est vrai que le Parti communiste n'est plus ce qu'il était, que Jean-Pierre Chevènement ne représente que lui-même « et encore » ; il n'empêche qu'ils rejoignent un vœu majoritaire, et que Jacques Chirac avait promis ce référendum. Ce qui, techniquement et à l'heure où je parle, fait de lui un menteur.

Je n'ai pas l'impression de faire preuve d'une finesse d'analyse exceptionnelle en diagnostiquant que nous vivons dans un pays dont la population s'appauvrit, a la sensation qu'elle va s'appauvrir de plus en plus, et se montre en outre persuadée que tous ses malheurs viennent de la compétition économique internationale (simplement parce que la « compétition économique internationale », elle est en train de la perdre). L'Europe, il y a encore quelques années, tout le monde s'en foutait ; voilà bien un projet qui n'avait pas soulevé la moindre opposition, ni le moindre enthousiasme ; aujourd'hui, disons que certains inconvénients sont apparus, et qu'on a plutôt le sentiment d'une hostilité croissante. Ce qui, après tout, serait déjà un argument pour un référendum. Je rappelle que le référendum de Maastricht en 1992 a bien failli ne pas se tenir (la palme historique du mépris revenant sans doute à Valéry Giscard d'Estaing, qui avait estimé le projet « trop complexe pour être soumis au vote »), et qu'une fois arraché il a bien failli se solder par un NON, alors que l'ensemble des hommes politiques et des médias responsables appelaient à voter OUI.

Cette profonde, et presque incroyable obstination des partis politiques « de gouvernement » à poursuivre un projet qui n'intéresse personne, et qui commence même à écœurer tout le monde, peut à elle seule expliquer bien des choses. À titre per-

1. Allusion au « réveil citoyen » qui faisait la couverture du numéro précédent des *Inrockuptibles* (à propos de l'affaire des sans-papiers).

sonnel, quand on me parle de nos « valeurs démocratiques », j'ai du mal à ressentir l'émotion requise ; ma première réaction serait plutôt d'éclater de rire. S'il y a une chose dont je suis sûr, quand on me demande de choisir entre Chirac et Jospin (!) et qu'on refuse de me consulter sur la monnaie unique, c'est que nous ne sommes *pas* en démocratie. Bon, la démocratie n'est peut-être pas le meilleur des régimes, c'est comme on dit la porte ouverte à de « dangereuses dérives populistes » ; mais alors je préférerais qu'on nous le dise franchement : les grandes orientations sont prises depuis longtemps, elles sont sages et justes, vous ne pouvez même pas exactement les comprendre ; il vous est cependant possible, en fonction de votre sensibilité, d'apporter telle ou telle coloration politique à la composition du futur gouvernement.

Dans *Le Figaro* du 25 février, je relève d'intéressantes statistiques concernant le Pas-de-Calais. 40 % de la population y vit en dessous du seuil de pauvreté (chiffres de l'INSEE) ; six ménages sur dix y sont dispensés du paiement de l'impôt sur le revenu. Contrairement à ce qu'on pourrait croire, le Front national réalise des scores médiocres ; il est vrai que la population immigrée est en diminution constante (par contre le taux de fécondité est très bon, nettement supérieur à la moyenne nationale). En fait le député-maire de Calais est un communiste, qui présente l'intéressante particularité d'être le seul à avoir voté contre l'abandon de la dictature du prolétariat.

Calais est une ville impressionnante. D'habitude, dans une ville de province de cette taille, il y a un centre historique, des rues piétonnes animées le samedi après-midi, etc. À Calais, rien de semblable. La ville a été rasée à 95 % lors de la Seconde Guerre mondiale ; et dans les rues, le samedi après-midi, il n'y a personne. On longe des immeubles abandonnés, d'immenses parkings déserts (c'est certainement la ville de France où il est le plus facile de se garer). Le samedi soir est un peu plus gai, mais d'une gaieté particulière. Presque tout le monde est saoul. Au milieu des troquets il y a un casino, avec des rangées de machines à sous où les Calaisiens viennent claquer leur RMI. Le lieu de promenade du dimanche après-midi est l'entrée du tunnel sous la Manche. Derrière les grilles, le plus souvent en famille, poussant parfois un landau, les gens regardent passer l'Eurostar. Ils font un signe de main au conducteur, qui klaxonne en réponse avant de s'engouffrer sous la mer.

COMÉDIE MÉTROPOLITAINE

La femme parlait de se pendre ; l'homme portait un tissu confortable. Les femmes se pendent rarement, en fait ; elles restent fidèles aux barbituriques. « Top niveau » : c'était top niveau. « Il faut évoluer » : pourquoi ? Entre nous, les coussins de la banquette perdaient leurs entrailles. Le couple descendit à Maisons-Alfort. Un créatif d'environ vingt-sept ans vint s'asseoir à mes côtés. Il me fut d'emblée antipathique (peut-être son catogan, ou sa petite moustache décalée ; peut-être aussi une vague ressemblance avec Maupassant). Il déplia une lettre de plusieurs pages, entama sa lecture ; la rame approchait de la station Liberté. La lettre était rédigée en anglais, et lui était vraisemblablement adressée par une Suédoise (je vérifiai le soir même sur mon Larousse illustré ; en effet Uppsala est en Suède, c'est une ville de cent cinquante-trois mille habitants, qui dispose d'une université très ancienne ; il ne semble pas y avoir grand-chose d'autre à en dire). Le créatif lisait lentement, son anglais était médiocre, je n'eus aucun mal à reconstituer le détail de l'affaire (fugitivement je pris conscience que ma moralité ne s'arrangeait pas vraiment ; mais après tout le métro est un espace public, non ?) À l'évidence, ils s'étaient rencontrés l'hiver dernier à Chamrousse (mais aussi quelle idée, pour une Suédoise, d'aller faire du ski dans les Alpes ?) Cette rencontre avait changé sa vie. Elle ne pouvait plus faire autre chose que penser à lui, et d'ailleurs elle n'essayait même pas (à ce moment il eut un rictus de vanité insupportable, s'étala un peu plus dans le siège, lissa sa moustache). À travers les mots qu'elle employait, on sentait qu'elle commençait à avoir peur. Elle était prête à tout pour le retrouver, elle envisageait de chercher un travail en France, peut-être quelqu'un pourrait l'héberger, il y avait des possibilités comme jeune fille au pair. Mon voisin eut un froncement de sourcils agacé ; en effet un jour ou l'autre il allait la voir débarquer, on la sentait tout à fait prête à quelque chose de ce genre. Elle savait qu'il était très occupé, qu'il avait beaucoup d'affaires en cours (ça me paraissait douteux ; il était quand même trois heures de l'après-midi, et le type n'avait pas l'air spécialement à la bourre). À ce moment il jeta autour de lui un regard un peu terne, mais nous n'étions encore qu'à la station Daumesnil. La lettre se concluait sur cette phrase : « *I love you and I don't want to loose you.* » J'ai trouvé ça très beau ; il y a des jours où j'aimerais bien écrire comme ça. Elle signait « *Your's Ann-Katrin* », entourait sa signature de petits cœurs. On était le vendredi 14 février, jour de la Saint-Valentin (cette coutume commerciale d'origine anglo-saxonne a paraît-il très bien pris dans les pays nordiques). Je me suis dit que les femmes étaient vraiment courageuses, parfois.

Le type descendait à Bastille, et moi aussi. J'eus un instant envie de le suivre (allait-il dans un bar à tapas, ou sinon quoi ?), mais j'avais rendez-vous avec Bertrand Leclair à *La Quinzaine littéraire*. Dans le cadre de cette chronique, j'envisageais d'engager une polémique avec Bertrand Leclair sur Balzac. D'abord parce que je perçois mal en quoi l'adjectif de *balzacien* dont il affuble de temps à autre tel ou tel romancier a quoi que ce soit de péjoratif ; ensuite parce que j'en ai un peu marre des polémiques sur Céline, auteur surfait. Mais, tout compte fait, Bertrand n'a plus très envie de critiquer Balzac ; il est au contraire frappé par son incroyable liberté ; il a l'air de penser que si nous avions, aujourd'hui, des romanciers *balzaciens*, ce ne serait pas forcément une catastrophe. Nous convenons qu'un romancier d'une telle puissance est nécessairement un immense producteur de clichés ; que ces clichés restent ou non valables aujourd'hui c'est une autre question, qu'il convient d'examiner soigneusement, au cas par cas. Fin de la polémique. Je repense à cette pauvre Ann-Katrin, que j'imagine sous les traits pathétiques d'Eugénie Grandet (impression de vitalité anormale qui se dégage de tous les personnages de Balzac, qu'ils soient bouleversants ou odieux). Il y a ceux qu'on n'arrive pas à tuer, qui resurgissent d'un livre à l'autre (dommage qu'il n'ait pas connu Bernard Tapie). Il y a aussi les personnages sublimes, qui s'inscrivent immédiatement dans la mémoire — justement parce qu'ils sont sublimes, et cependant réels. Balzac réaliste ? On pourrait dire « romantique », aussi bien. En tout cas, je ne pense pas qu'il se sentirait dépaysé de nos jours. Après tout, dans la vie, il demeure de réels éléments de mélodrame. Surtout dans la vie des autres, d'ailleurs.

JUSTE UN COUP À PRENDRE

Dans l'après-midi du samedi, à l'occasion du Salon du livre, le Festival du premier roman de Chambéry organisait un débat autour du thème : « Le premier roman est-il devenu un produit commercial ? » L'affaire était prévue pour durer une heure et demie, malheureusement Bernard Simeone a tout de suite donné la bonne réponse, qui est OUI. Il en a même clairement expliqué les raisons : en littérature comme partout, le public a besoin de nouvelles têtes (je crois d'ailleurs qu'il a employé l'expression plus brutale de « chair fraîche »). Il n'avait pas de mérite à voir les choses clairement, s'excusa-t-il ; il passait la moitié de sa vie en Italie, pays qui lui paraissait dans beaucoup de domaines être *à l'avant-garde du pire*. Le débat a ensuite dérivé sur le rôle de la critique littéraire, sujet plus confus.

Concrètement la chose démarre fin août, avec des accroches du style « Le romancier nouveau est arrivé » (photo de groupe sur le pont des Arts, ou dans un garage de Maisons-Alfort), et s'achève en novembre au moment de la remise des prix. Ensuite il y a le beaujolais nouveau, la bière de Noël, tout ça permet de tenir tranquillement jusqu'aux fêtes. La vie ce n'est pas si difficile, c'est juste un coup à prendre. Soulignons au passage l'hommage rendu à la littérature par l'industrie, puisqu'elle associe les joies littéraires à la période la plus sombre, au lundi de l'année, à l'entrée dans le tunnel. Roland-Garros, à l'inverse, est plutôt organisé en juin. Je serais en tout cas le dernier à critiquer mes confrères qui font n'importe quoi sans jamais comprendre exactement ce qu'on leur demande. Personnellement, j'ai eu beaucoup de chance. Il y a juste eu un petit dérapage avec *Capital*, le magazine du groupe Ganz (que d'ailleurs je confondais avec l'émission du même nom sur M6). La fille n'avait pas de caméra, ce qui aurait dû m'alerter ; j'ai quand même été surpris lorsqu'elle m'a avoué qu'elle n'avait pas lu une ligne. Je n'ai saisi que plus tard, en lisant le dossier « CADRE LE JOUR, ÉCRIVAIN LA NUIT : PAS FACILE D'ÉGALER PROUST OU SULITZER » (dans lequel, par parenthèse, mes propos ne figuraient pas). En fait, elle aurait aimé que je lui raconte *ma merveilleuse histoire*. Il aurait fallu me prévenir, j'aurais pu faire quelque chose, avec Maurice Nadeau en vieux mage bourru et Valérie Taillefer dans le rôle de la petite fée Clochette. « Va voir Nadd-hô, fils. Il est le talisman, la mémoire, le gardien de nos traditions les plus sacrées. » Ou peut-être plus *Rocky*, version cérébrale : « Armé de son tableur, le jour, il se bat avec les flux tendus ; mais c'est avec son traitement de texte, la nuit, qu'il percute les périphrases. Sa seule force : croire en lui-même. » Au lieu de ça j'ai été bêtement franc, voire agressif ; il ne faut pas s'attendre à des miracles, si on ne nous explique pas le concept. C'est vrai que j'aurais dû me procurer le magazine, mais je n'ai pas eu le temps (on notera que *Capital* est surtout lu par des chômeurs, ce qui n'arrive pas tout à fait à me faire rire).

Autre malentendu troublant, plus tard, dans une des bibliothèques municipales de Grenoble. Contre toute attente, la politique de promotion de la lecture chez les jeunes s'avère un succès local. Beaucoup d'interventions dans le registre : « Hé, m'sieu l'écrivain, tu me donnes un message, tu me donnes de l'espoir ! ». Stupéfaction des écrivains attablés. Pas de refus de principe, d'ailleurs ; ils se souviennent peu à peu qu'en effet, une des missions possibles de l'écrivain, en des temps très anciens... mais comme ça, oralement, en deux minutes ? « Y a pas marqué Bruel », grommelle quelqu'un dont j'ai oublié le nom. Enfin, eux au moins semblent avoir lu.

Heureusement, sur la fin, intervention précise, lumineuse, honnête de Jacques Charmetz, créateur du festival de Chambéry (au temps pas si lointain où le premier roman était plus qu'un concept) : « Ils ne sont pas là pour ça. Demandez-leur si vous voulez une certaine forme de vérité, qu'elle soit allégorique ou réelle. Demandez-leur si vous voulez de mettre à vif les plaies, et si possible d'y rajouter du sel. » Je cite de mémoire, mais, quand même : merci.

À QUOI SERVENT LES HOMMES ?

« Il n'existe pas. Tu comprends ? Il n'existe pas.

— Oui, je comprends.

— Moi, j'existe. Toi, tu existes. Lui, il n'existe pas. »

Ayant établi la non-existence de Bruno, la femme de quarante ans caressa doucement la main de sa compagne, beaucoup plus jeune. Elle ressemblait à une féministe, du reste elle portait un pull-over de féministe. L'autre semblait chanteuse de variétés, à un moment donné elle a parlé de galas (ou peut-être de galères, je n'ai pas très bien compris). Avec son petit cheveu sur la langue, elle s'habituait lentement à la disparition de Bruno. Malheureusement, en fin de repas, elle tenta d'établir l'existence de Serge. Pull-over se crispa avec violence.

« Je peux t'en parler encore ? demanda l'autre timidement.

— Oui, mais abrège. »

Après leur départ, j'ai sorti un volumineux dossier de coupures de presse. Pour la vingtième fois en quinze jours, j'ai tenté d'être terrorisé par les perspectives offertes par le clonage humain. Il faut dire que ça part mal, avec la photo de cette brave brebis écossaise (qui en plus, on a pu le constater au journal de TF1, bêle avec une stupéfiante normalité). Si le but recherché était de nous faire peur, il aurait été plus simple de cloner des araignées. J'essaie d'imaginer une vingtaine d'individus disséminés à la surface de la planète, porteurs du même code génétique que le mien. Je suis troublé, c'est vrai (d'ailleurs même Bill Clinton est troublé, c'est dire) ; mais terrorisé, non, pas exactement. Est-ce que j'en serais venu à ricaner de mon code génétique ? Pas ça non plus. Décidément, troublé est le mot. Quelques articles plus loin, je me rends compte que le problème n'est pas là. Contrairement à ce qu'on répète bêtement, il est faux de prétendre que « les deux sexes pourront se reproduire séparément ». Pour l'instant la femme reste, comme le souligne avec pertinence *Le Figaro*, « incontournable ». L'homme par contre, c'est vrai, ne sert à peu près plus à rien (ce qui est d'ailleurs vexant dans l'histoire, c'est ce remplacement du spermatozoïde par une « légère décharge électrique » ; ça fait un peu bas de gamme). Au fond, plus généralement, à quoi servent les hommes ? On peut imaginer qu'à des époques antérieures, où les ours étaient nombreux, la virilité ait pu jouer un rôle spécifique et irremplaçable ; aujourd'hui, on s'interroge.

La dernière fois que j'ai entendu parler de Valérie Solanas, c'était dans un livre de Michel Bulteau, *Flowers* ; il l'avait rencontrée à New York en 1976. Le livre est écrit treize ans plus tard ; la rencontre l'a visiblement secoué. Il décrit une fille « à la peau verdâtre, aux cheveux sales, vêtue d'un blue-jean et d'un treillis crasseux ». Elle ne regrettait pas du tout d'avoir tiré sur Warhol, le père du clonage artistique : « Si je revois ce salaud, je suis fichue de recommencer. » Elle regrettait encore moins d'avoir fondé le mouvement SCUM (*Society for Cutting Up Men*), et se préparait à donner une suite à son manifeste. Depuis, silence radio ; serait-elle morte ? Encore plus étrange, ce fameux manifeste a disparu des librairies ; pour en avoir une idée fragmentaire on est obligé de regarder Arte jusqu'à des tard le soir, et de supporter la diction de Delphine Seyrig. Malgré tous ces inconvénients, ça en vaut la peine : les extraits que j'ai pu entendre sont réellement impressionnants. Et pour la première fois aujourd'hui, grâce à Dolly la Brebis-du-Futur, les conditions techniques sont prêtes pour la réalisation du rêve de Valérie Solanas : un monde exclusivement composé de femmes. (La pétulante Valérie développait d'ailleurs des idées sur les sujets les plus variés ; j'ai noté au passage le « Nous exigeons l'abolition immédiate du système monétaire ». Décidément, c'est le moment de rééditer ce texte.)

(*Pendant ce temps, Andy l'astucieux dort dans l'azote liquide, dans l'attente d'une bien hypothétique résurrection*.)

L'expérience pourrait être tentée assez bientôt, pour celles que ça intéresse, peut-être sur une échelle réduite ; j'espère que les hommes sauront s'effacer dans le calme. Un dernier conseil, quand même, pour partir sur de bonnes bases : évitez de cloner Valérie Solanas.

LA PEAU DE L'OURS

L'été dernier, vers la mi-juillet, au journal de 20 heures, Bruno Masure annonça qu'une sonde américaine venait de découvrir des traces de vie fossile sur Mars. Il n'y avait aucun doute : les molécules, datant de centaines de millions d'années, dont on venait de détecter la présence, étaient des molécules biologiques ; on ne les avait jamais rencontrées en dehors des organismes vivants. Ces organismes étaient en l'occurrence des bactéries, vraisemblablement des archéo-bactéries méthaniques. Ceci établi, il passa à autre chose ; visiblement, le sujet l'intéressait moins que la Bosnie. Cette couverture médiatique minimale semble a priori s'autoriser du caractère faiblement spectaculaire de la vie bactérienne. La bactérie, en effet, mène une existence paisible. Empruntant à l'environnement des nutriments simples et peu variés, elle croît ; puis elle se reproduit, assez platement, par divisions successives. Les tourments et les délices de la sexualité lui restent à jamais inconnus. Tant que les conditions restent favorables, elle continue à se reproduire *(Yahvé la favorise devant sa face, et ses générations sont nombreuses)* ; ensuite, elle meurt. Aucune ambition irréfléchie ne vient ternir son parcours limité et parfait ; la bactérie n'est pas un personnage balzacien. Il peut certes arriver qu'elle mène cette tranquille existence dans un organisme hôte (celui par exemple d'un teckel), et que l'organisme en question en souffre, voire en soit radicalement détruit ; mais la bactérie n'en a nullement conscience, et la maladie dont elle est l'agent actif se développe sans entamer sa sérénité. En elle-même, la bactérie est irréprochable ; elle est également parfaitement inintéressante.

L'événement, en lui-même, demeurait. Ainsi, sur une planète proche de la Terre, des macromolécules biologiques avaient pu s'organiser, élaborer de vagues structures autoreproductibles composées d'un noyau primitif et d'une membrane mal connue ; puis tout s'était arrêté, probablement sous l'effet de variations climatiques ; la reproduction était devenue de plus en plus difficile, avant de s'interrompre tout à fait. L'histoire de la vie sur Mars se manifestait comme une histoire modeste. Cependant (et

Bruno Masure ne semblait pas en avoir pleinement conscience), ce mini-récit d'un ratage un peu flasque contredisait avec violence toutes les constructions mythiques ou religieuses dont l'humanité fait classiquement ses délices. Il n'y avait pas d'acte unique, grandiose et créateur ; il n'y avait pas de peuple élu, ni même d'espèce ou de planète élue. Il n'y avait, un peu partout dans l'univers, que des tentatives incertaines et en général peu convaincantes. Tout cela était en outre d'une éprouvante monotonie. L'ADN des bactéries retrouvées sur Mars était exactement identique à l'ADN des bactéries terrestres ; cette constatation surtout me plongea dans une tristesse diffuse, tant cette identité génétique radicale semblait la promesse d'épuisantes convergences historiques. Sous la bactérie, en somme, on sentait déjà le tutsi ou le serbe ; enfin, tous ces gens qui se dispersent en conflits aussi fastidieux qu'interminables.

La vie sur Mars, ceci dit, avait eu l'extrêmement bonne idée de s'arrêter avant d'avoir causé trop de dégâts. Encouragé par l'exemple martien, j'entamai la rédaction d'un rapide plaidoyer pour l'extermination des ours. On venait à l'époque d'introduire un nouveau couple d'ours dans les Pyrénées, ce qui provoquait le mécontentement des producteurs de brebis. Une telle obstination à tirer ces plantigrades du néant avait en effet quelque chose de pervers, de malsain ; naturellement, la mesure était soutenue par les écologistes. On avait relâché la femelle, puis le mâle, à quelques kilomètres de distance. Ces gens étaient vraiment ridicules. Aucune dignité.

Comme je m'ouvrais de mon projet exterminateur à la directrice adjointe d'une galerie d'art, elle m'opposa un argument original, d'essence plutôt culturaliste. L'ours, selon elle, devait être préservé, car il appartenait à la mémoire culturelle très ancienne de l'humanité. En fait, les deux plus anciennes représentations artistiques connues figuraient un ours et un sexe féminin. D'après les datations les plus récentes, il semblait même y avoir un léger avantage à l'ours. Le mammouth, le phallus ? Beaucoup plus récents, beaucoup plus ; il ne pouvait même pas en être question. Devant cet argument d'autorité, je m'inclinai. Eh bien soit, allons pour les ours. Pour les vacances d'été je recommande Lanzarote, qui ressemble beaucoup à la planète Mars.

274

Achevé d'imprimer en Europe
à Pössneck (Thuringe, Allemagne)
en février 1999 pour le compte de EJL
84, rue de Grenelle 75007 Paris
Dépôt légal février 1999

Diffusion France et étranger : Flammarion